성공한 CEO의
비즈니스 심리코칭

Robbie Steinhouse · Chris West 공저 | 박의순 · 노경혜 공역

학지사

역자 서문

'아, 나도 다 때려치우고 사업이나 할까?'

친구들과 직장 생활에 대한 푸념과 취업에 대한 걱정을 늘어놓다가 아마도 한번쯤은 들어봤을 법한 말이다. 혹은 당신의 이야기는 아닌가?

바늘구멍처럼 좁디 좁은 험난한 취업시장에서 살아남아 입사한 직장은 생각했던 것만큼 근사하거나 멋지지 않다. 아무리 높은 점수의 토익이며, 제2외국어와 봉사활동 등 각종 화려한 경력으로 다져진 인재라고 할지라도 처음부터 신입사원에게 프로젝트를 기획하고 회사의 중요한 안건을 처리하며 회의에 참석하여 자신의 의견을 피력할 만한 기회를 주는 곳은 거의 없다. 아마 회사마다 차이는 있겠지만 어느 곳이든 처음 1년 정도는 회사라는 커다란 기계 속의 작은 부품과 같은 일을 하게 될 것이다. 시작에 대한 기대가 큰 만큼 실망도 큰 법이다.

자! 다시 처음으로 돌아가자. 그렇다면 당신은 정말로 당신의 사업을 진지하게 생각해 본 적이 있는가? 어떤 사업을 하고 싶은가? 갑자기 여기에서 말문이 막히고 막막해지는가? 괜찮다. 현재의 위치에서 벗어나기 위한 단순한 돌파구로써 사업을 생각했든 혹은 정말로 오랫동안 자신의 사업을 차근차근 계획하고 준비했든 모두 좋다. 진정한 사업은 머릿속으로만 하는 것이 아니라 직접 일어서서 시작하는 순간부터다.

사업은 어떻게 시작해야 하는 걸까? 최근에는 창업을 도와주는 기관이나 센터도 많다. 그곳에서 정보를 얻고 도움을 받는 것도 유용하다. 하지만 아직 그곳의 문을 두드릴 만큼 마음의 준비가 되어 있지 않거나, 사업을 하고 싶은 바람은 있지만 확신이 서질 않아 고민이 되거나 혹은 사업을 시작했다가 망할까 봐 두렵다면 우리를 따라오라. 많은 사람이 사업에 대한 목표와 바람은 뚜렷하지만 법에 대해 잘 모르기 때문에, 재무제표를 읽을 줄 모르기 때문에, 어떤 사람과 함께 해야 할지 모르기 때문에, '잘못되면 어쩌지?'의 걱정거리로 주저주저하며 시간을 보낸다. 지금 당신에게는 기발한 아이디어로 틈새시장에서 성공한 사업가의 이야기나 자수성가한 노력형의 유명 인사의 성공신화보다는 무슨 사업을 어떻게 시작해야 하며, 정말 실행에 옮기기 위해서 준비해야 할 것은 무엇인지를 알려 주고 지금-여기에서 시작할 수 있도록 도와줄 코치가 필요하다. 이 말에 동의하는가?

우리는 이 책을 통해 로비와 함께 사업에 운용할 돈은 어떻게 준비하고 관리하는지, 은행과는 어떻게 거래해야 하며, 위기에 봉착했을 때에는 어떻게 대처해야 하는지와 같은 '사업가의 팁'을 쉽고 명쾌하게 제시함으로써 당신이 진정한 사업가의 마음가짐과 시야를 갖도록 이끌 것이다.

그 전에 먼저 당신은 아마도 이 책을 쓴 저자의 가치관과 관점에 대해 파악해야 할 것이다. 사람을 보는 눈이나 세상을 바라보는 시각이 저마다 다른 것처럼 사업을 시작하는 방법 또한 보는 사람에 따라 전혀 다를 수 있다. 로비는 언제나 사람을 우선으로 한다. 그렇기 때문에 이 책은 단순한 기법과 기술에만 치중한 것이 아니라 당신에 대해, 그리고 당신과 함께할 사람들에 대한 이해를 돕는 심리학 이론을 근간으로 하고 있다. 당신의 가치관과 일치하는가? 잘 맞는 사람이 있듯이 코치와의 궁합도 중요하다. 이 책에서의 심리학 체계는 TA와 NLP, 그리고 코칭이다. 아마 상담이나 심리학에 대해 접해 본 경험이 없다면 생소하게 느낄 수도 있지만 상담가 사이에서는 잘 알려진, 아주 유용한 기법이다(이에 대해서는 본문에서 자세히 설명한다).

외적인 단서와 표상을 중요하게 다루는 NLP는 지금껏 코칭 관련 분야에서 실질적인 변화를 일으키는 데 주로 사용하였다. 임상에서는 물론 실생활에서 적용 가능한 많은 기법을 가지고 있다는 것이 NLP의 큰 장점이지만 방법론에만 치중하여 이론적 배경이 약하다는 것이 큰 아쉬움이기도 하다. 반면, 인간의 자아상태를 중요하게 다루고 있는 TA는 어떠한 이론보다도 탄탄하고 명쾌하지만 일상에서 쉽게 적용하기 어려운 점을 가지고 있다. 놀랍게도 저자인 로비는 이 두 가지 체계에서의 장단점을 상호 보완하여 자신의 비즈니스에 자연스럽게 녹아들이도록 통합하였으며 각각의 강점이 서로에게 플러스가 될 수 있도록 활용하였다. 특히 처음으로 이러한 시도가 이루어졌다는 점에서 상당히 주목할 만하다. 아마 TA와 NLP를 접해 본 사람이라면 TA와 NLP, 그리고 사업의 운영 기술이 춤을 추듯이 적절하게 조화를 이루어 움직이는 데 감탄을 금치 못할 것이다.

우리의 가이드인 로비를 잘 따라간다면 사업의 터를 닦는 1장에서부터 성공적으로 운영하고 삶을 되돌아보며 조망할 수 있는 7장의 여정에 이르게 될 것이다.

1장의 '시작하기'는 앞서 우리가 제시한 것처럼 사업을 '꿈꾸고' 있는 사람들을 위한 장이다. 떠오르는 것이 있다면 '5분 사업 계획'을 해 보고 빠르게 시작하는 것이 1장의 핵심이다. 사전 시장조사를 먼저 하고 동향을 살피며 차근차근 계획해서 준비하라는 기존의 이야기와는 다르다. 일단 부딪혀라. 실제로 해 보는 것만큼 좋은 것은 없다.

2장 '확고한 기반'에서는 사업이라는 것을 시작하여 기초를 만들어 나가는 장이다. 1장에서 빠르게 시작하라고 한 것은 아무 생각 없이 돈을 쏟아부어 거창하게 차려 보라는 것이 아니다. 실제로 행동에 옮기라는 것이다. 그리고 시작했다면 이제 사업을 움직이게 할 자신의 능력과 기술을 어떻게 다져갈 것인지, 준비해야 하는 자원은 무엇인지 네 가지 능력 세트에 대해 제시한다.

3장은 '당신의 마음을 성공에 조율하기'다. 사업을 시작했다는 것만으로 만족하는가? 우리는 단순히 망하지 않기만을 바라는 것이 아니라 자신이 투자하는 것만큼 혹은 그 이상으로 많은 성취감과 돈을 얻기를 기대한다. 성공은 저절로 이루어지는 것이 아니다. 사업에 대한 방향과 자신의 신념, 가치를 확고히 하고 일곱 가지 차원을 통해서 자신과 자신의 사업에 대한 수준을 객관적으로 바라보는 과정을 살펴보자.

아무리 유능한 사람일지라도 언제나 예측한 대로 핑크빛 물결로 항해하는 것만은 아니다. 뜻하지 않은 비를 만나기도 하고 암초에 부딪히기도 한다. 4장의 '기회와 몰락' 단계에서는 사업을 운영하면서 겪을 수 있는 실질적인 어려움과 위기에 대해 살펴보고 사업을 한 단계 더 도약할 수 있는 기회를 잡는 방법에 대해 이야기한다. 행운은 누구에게나 찾아올 수 있지만 이것을 알아보고 자신의 것으로 만드는 사람은 많지 않다. 성공과 실패의 양 끝은 엄청난 무엇인가가 있는 것이 아니다. 선택의 기로에서 행운의 기회를 잡는 것은 당신도 할 수 있다.

이제 여기까지 왔다면 당신의 사업은 이제 한 숨을 돌릴 수 있을 정도로 자리를 잡았을 것이다. 사업은 언제나 바다 위의 배와 같다. 잔잔하다고 해서 긴장의 끈을 놓아 버려서는 안 된다. 이제는 당신을 어떻게 좀 더 조직화하고 체계화 것인지, 일은 어떻게 분담하며 어떤 사람을 고용해야 하는지를 알아보는 '팀 만들기' 단계다. 사업은 당신 혼자만으로 불가능하다. 성공하기 위해서는 당신과 함께하는 팀이 필요하다. 4E와 C모델을 통해 팀을 성장시키고 사업에 꼭 맞는 파트너를 선택하는 방법에 대해 알아야만 한다.

6장 '제트기류에 편승하기'에서는 당신의 사업을 지금보다 더 크게 만들 것인지, 아니면 조금 작더라도 안정적인 현재의 상태에 머무르며 즐거움을 누릴 것인지를 결정하는 단계다. 무조건 대기업만이 좋은 것은 아니다. 각각의 장단점을 알아보고 자신의 가치관에 따라 결정하라.

그리고 이제 '인생을 즐기라'에 도달했다. 그동안 고군분투했던 여정을 내려놓고 되돌아보는 시간이다. 사업을 그만두라는 것이 아니다. 지금까지 그랬던 것처럼 끊임없이 배우고 생각하고 행동하는 것도 중요하지만 잠시 멈추어 자신과 가족, 건강과 미래에 대해 생각해 보는 여유도 필요하다. 침대에 누워 사업을 하기로 마음먹었던 때를 떠올려 보자. 무엇을 위해 사업을 시작했는가? 돈? 사회적 지위? 성공? 아마도 당신의 행복한 삶을 위해서일 것이다. 당신의 삶을 즐기고 행복을 만끽하라.

　이 책은 '소설에서나 나올 법한' 이야기가 아니다. 안내자인 로비를 따라 직접 실습해야 하는 부분이 등장한다. 만약 그럴 때마다 귀찮거나 쑥스러운 마음에 '다음에……'라며 페이지를 넘긴다면 당신의 사업 역시 기약 없는 '다음'으로 미루어질 것이다. 지금 시작하라! 연습문제가 있다면 실제로 따라 해 보고, 계획을 세워 보라고 이야기한다면 종이와 펜을 꺼내 계획을 세워 보자. 이렇게 열심히 따라간다면 이 책을 덮을 때쯤 당신은 이미 사업가가 되어 있거나 한 단계 더 업그레이드되었다는 것을 느낄 것이다.

2012년
역자 일동

로비의 쪽지

돈을 어떻게 벌어야 하는지, 또 어떻게 하면 돈의 노예가 되지 않는지를 가르쳐 준 나의 아버지 어윈 스타인하우스Irwin Steinhouse에게 이 책을 바친다.

그리고 나의 많은 스승에게도 감사를 드리고 싶다. 그들 중에는 만나서 함께 작업한 분도 있고 서면이나 구두로 자신의 생각을 전해 준 분도 있다(혹은 다음에 열거한 사람들처럼 이 분야에서 두각을 나타낸 사람도 있다.) 특히 로버트 딜츠Robert Dilts와 에릭 번Eric Berne에 대해 언급하고 싶다. 로버트 딜츠는 높은 목표를 가지고 있는 사람은 재능만 가지고 있는 사람보다 훨씬 더 많은 것을 성취할 수 있다는 것을 가르쳐 주었으며 몸소 보여 주었다. 그는 많은 긍정적 변화를 전개하여 NLP가 합당한 긍정적인 평가를 받을 수 있도록 만든 신뢰할 만한 지도자다. 그리고 에릭 번은 교류분석(Transaction Analysis)의 창시자다. 그는 나의 부친과 마찬가지로 몬트리올 출신이며 포커 게임을 좋아하였고 사람들에 대한 이해가 놀라울 정도로 깊었다. 또한 나는 에드워드 하인스Edward Hines, 코레이 앤드리아스Connirae Andreas, 존 본햄John Bonham, 체맹칭Chen Man Ch'ing, 힐러리 코치란Hilary Cochran, 캔 코헨Ken Cohen, 스티븐 코비Stephen Covey, 주디스 디로지에Judith Delozier, 이

안 멕더모트Ian McDermott, 웨인 다이어Wayne Dyer, 아이나 에그버그Aina Egeberg, 젠 엘파인Jan Elfine, 밀튼 에릭스Milton Erickson, 루이스 에반스Lois Evans, 토니 펠릭스Tony Felix, 스티븐 길리건Stephen Gilligan, 조 지라드Joe Girard, 틱나한Thich Nhat Hanh, 빌 힉스Bill Hicks, 존 페이즐리John Peisley, 하이럼 스미스Hyrum Smith, 수지 스미스Suzi Smith, 마이크 서든Mike Southon, 제임스 서머필드James Sumerfield, 에칼트 톨Eckart Tolle, 앨리슨 언더우드Alison Underwood, 그리고 켄 위버Ken Wilber에게 감사드린다.

뿐만 아니라 공동 저자인 크리스 웨스트Chris West에게도 고마움을 전하고 싶다. 그는 내담자이면서 또한 학생의 역할을 했을 뿐 아니라 읽기 쉬운 NLP 입문 서적이 되도록 내용을 다듬어 주었다. NLP 양식에 익숙한 사람이라면 이것이 얼마나 큰 작업인지 이해하리라고 생각한다. 마지막으로 나의 가족, 친구, 비즈니스상의 파트너와 직원, 등대 역할을 해 준 앤 볼드윈Ann Baldwin, 피어슨Pearson 팀, 그리고 무엇보다도 이 책이 나오기까지 이끌어 주고 신뢰해 준 사만다 잭슨Samantha Jackson 편집장에게 감사를 드린다.

모든 저자는 독자의 의견을 듣고 싶어 한다. 이 책이 당신에게 도움이 되었거나 질문이 있다면(혹은 비평하고 싶다면) 연락을 주길 바란다. 나의 이메일 주소는 Robbie@nlpschool.com이다. 당신의 연락을 기다린다.

로비 스타인하우스
런던에서, 2008년 5월

서문

"사업가의 어려움은 모두 머릿속에 있다."

빈센트 첸기스 Vincent Tchenguiz

이 책은 사업을 성공적으로 만들어 가려는 사람들에게 매우 흥미로운 여행이 될 것이다. 먼저 이 여행의 가이드인 나에 대해 소개하려 한다. 나는 사업가 집안에서 태어났으며 성장과정 내내 사업가처럼 사고하는 것을 배워 왔다. 어렸을 땐 세상을 보는 우리 가족의 시각이 당연하다고 생각했지만 나중에 성장하고 보니 그 시각은 꽤나 독특한 것이었다. 대개의 젊은이들이 그렇듯 나도 처음에는 이에 반항하여 사업과는 거리가 먼 생활을 하였고, 도시에서 평범한 직업을 택했다. 하지만 곧 미칠 것 같아서 몇 달 만에 일을 그만두고 처음부터 했어야 했던 나의 사업을 시작했다. 그 대가로 얻은 신념과 가치는 내 삶에 변화를 가져다 주었지만, 나는 여전히 배워야 할 것이 많았다.

나는 비즈니스를 하면서 내가 상대하는 고객, 직원, 경쟁자 그리고 동료 사업가들의 심리에 잔뜩 매료되었다. 그래서 내가 없어도 회사가 잘 돌아갈 만큼 성장하였을 때—대부분의 성공적인 비즈니스와 마찬가지로 창업자 없이 돌아가는 것이 더 낫다고 보일 때—나는 인

11

간 심리에 대해 진지하게 공부하기 시작했다. 나는 NLP와 TA(이 약자에 대해서는 나중에 설명하겠다.)의 학생으로서, 그리고 나중에는 강사로서, 사람의 마음을 이해하고 변화시킬 수 있는 훌륭한 도구를 발견하게 되었다. 나는 이 도구를 비즈니스 환경에 적용시켜야겠다는 필요성을 강하게 느꼈기 때문에 NLP 학교(유럽 NLP 학교)를 설립한 후 비즈니스 코치가 되었다. 그러면서 이제 막 사업을 시작한 사람, 사업에서 엄청나게 성공한 사람(그러나 아직도 성공의 의미와 가치를 혼란스러워하는 사람), 사업을 시작하려고 준비하는 사람들과 같은 여러 분야의 사업가를 코치하게 되었다.

이와 같은 경험을 통해 내가 배운 것은 무엇일까? 사업가처럼 생각하는 방법은 여러 가지가 있겠지만 나는 크게 세 가지 과정으로 분류하는 것이 유용하다고 생각했다.

가장 기초적인 과정은 비즈니스를 구축할 때 우리 모두가 배우는 **특별한 실제 수업**이다. 이러한 것은 책이나 멘토, 동료, 경쟁자와 같은 다양한 자원을 통해서도 가능하지만, 무엇보다도 경험을 통해 얻을 수 있다. 여행에 비유하자면 길을 알려 주는 지도나 어디에서 맛있는 점심을 먹을 수 있는지, 어떻게 기차를 예약하는지 등을 알려 주는 여행 가이드북과 유사하다.

두 번째로는, 많은 사람에게는 결여된 것처럼 보이지만 사업가들이 공유하고 있는 **신념**과 **가치**다. 이것이 없다면 '어떻게'라는 방법의 지식도 실제적인 부를 창조하는 데 기여할 수 없다. 사업을 하지 않는 집안에서 성장한 사업가들 중 1/3은 종종 수년 동안 '그 분(기업의 CEO)을 위해 일한' 보람이 없다는 분노를 느끼기도 하며, 이러한 것을 인생의 뒤늦은 시기에나마 어떤 경로를 통해서든 획득하게 된다. 그렇지만 나는 어린 시절부터 아버지에게 이러한 것을 주로 배워 왔다. 여행에 비유하자면, 우리가 방문하려고 하는 곳의 문화와 습관 그리고 역사에 대한 깊은 지식과 유사하다.

마지막 **변화과정**은 여행의 어려움에 적응하고 그것을 감당하게 하는 역할을 한다. 우리 중에서 가장 사업가다운 사람조차도 처음엔 두려움이나 잘못된 생각, 어렸을때 무의식적으로 형성된 '인생각본'과 같이 헤쳐나가야 하는 심리적 '부담'을 가지고 시작한다. 머릿속에서는 이것을 물리치는 것이 쉽지만, 막상 부닥치게 되면 우리는 그 상황의 압력에 휩쓸려서 예전의 습관으로 쉽게 되돌아가곤 한다. 그러므로 이 책의 '당신을 변화시켜라.' 절은 당신이 습관적으로 반응할 수 있는 새로운 방법을 갖추게 하고, 마음 깊숙한 곳에서부터 사업가처럼 생각할 수 있도록 하는 데 초점을 맞추어 구성했다. 파푸아뉴기니의 '지식이 실제로 활용되기 전까지는 루머에 불과하다.'는 속담이 아마도 여기에 적절할 것이다.

이상 열거한 세 가지 과정을 학습하는 것은 성공적인 비즈니스를 위해 필수적이다. 당신에게 남아 있는 이론적인 방법이나 올바른 신념과 가치를 덧붙인 방법은 당신이 실제로 사업을 구축하는 데 각종 어려움을 가져오게 할 뿐이다. 반면에 심리적으로 잘 준비된 사람은 질적으로 해야 하는 것에 대해서만 알면 된다. 이것을 모두 갖추어야 당신은 비로소 시작할 수 있으며 지혜롭게 행동할 수 있고 성공할 수 있다.

이 책을 사용하는 방법

각 장은 비슷한 형태로 구성되어 있다.

- 사업가 혹은 다른 사업가들의 코치로서의 경험에서 얻은 '**어떻게 (how-to)라는 전문적**' 정보로부터 시작한다.
- 그다음 특정한 시기에 유용하다고 여겨지는 특별한 개념을 소개한다.
- 마지막으로, **스스로 코치하는 과정**이 포함된 '당신을 변화시켜라.' 부분이 있다. 이때 당신은 시간, 컴퓨터(혹은 펜과 종이), 새로운 생각과 어쩌면 불편할 수도 있는 생각에 대한 준비가 필요할 것이다.

이 책의 'how-to' 부분은 1인 기업을 시작으로 '정상의 위치'에서 대기업을 떠날 때까지 사업가의 여정을 밟게 된다. 각 장에서의 변화 과정은 해당 장에서 묘사된 여정의 단계에 적합하다. 그렇지만 그것은 일반적으로 사업가에게 가치 있는 것이기도 하다. 나는 이 책의 도입부에 제시된 과정을 응용하여 대기업을 운영하는 많은 고객을 코치해 왔으며, 또한 이 책의 마지막 부분에 있는 과정을 응용하여 이제 막 사업을 시작하려는 많은 고객을 코치해 왔다. 당신 또한 여정의 어느 부분에 있든지 이 책을 끝까지 읽고 모든 과정을 체험해 보기 바란다. 이 모든 과정은 아마도 당신에게 많은 도움이 될 것이다. 만약 사업을 시작하는 단계에 있다면 내 목표는 당신이 'how-to' 절을 읽고, 그 과정을 마친 후, 많은 것을 배우고 변화하여 마치 두 번째 사업을 착수하는 경험 많은 사업가처럼 느낄 수 있게끔 하는 데 있다.

마지막으로, 대부분의 과정은 당신 스스로 할 수 있는 것이지만 어떤 과정은 '코치' 역할을 수행할 만한 친구의 도움을 필요로 한다. 당신의 조력자가 특별한 코치 기술을 가지고 있어야 하는 것은 아니지만 당신이 좋아하고 신뢰하는 사람이어야 한다.

세 가지 심리학 체계

심리학은 이 책의 근간이 되므로 이 책에서 가장 많은 영향을 미치는 세 가지 심리학 체계(특히, 개념과 과정)에 대해 소개하려 한다. 이 것은 비교적 간단하므로 이 책을 통해 작업할 때마다 이에 대한 지식과 흥미를 얻게 될 것이며, 나아가 좀 더 많은 호기심과 열정을 갖게 될 것이다. 비즈니스는 궁극적으로 당신과 당신의 동료, 당신의 고객과 같은 사람에 관한 것이므로 인간의 심리를 공부하는 것은 사업가로서 당신의 경력에 많은 도움이 될 것이다.

NLP

NLP는 신경−언어 프로그래밍(Neuro−Linguistic Programming)을 의미한다(불행하게도 NLP는 어려운 표현을 좋아하는데, 이 책에서는 이를 최소화하기 위해 노력했다.). NLP는 인간 변화와 발달에 관한 일련의 도구다. 이 점이 인간의 심리를 전반적으로 설명하고 체계화를 추구한 정신분석, 행동주의와 같은 지난 세기의 위대한 심리학 체계와의 차이다. NLP는 철저하게 실용적인 접근을 해 왔으며, 어려운 이론은 배제한다. NLP의 좌우명은 '어떤 결과를 초래하는가?'다(이것은 사업가에게도 훌륭한 좌우명이다!).

　NLP는 1970년대에 미국 캘리포니아에서 시작되었다(아마도 어떤 사람들이 싫어하는 이유 중 하나다.). 창시자인 리처드 밴들러Richard Bandler와 존 그라인더John Grinder는 치료 분야의 전문 지식에 매료되었다. 그들은 밀턴 에릭슨Milton Erikson, 버지니아 사티어Virginia Satir와 프리츠 펄스Fritz Perls 같은 최고의 심리치료사들을 찾았고, '자신의 분야에서 명백히 대가라고 할 수 있는 이들은 **무엇이 특별한가**(NLP의 지도자 중 한 사람인 그레고리 베이트슨Gregory Bateson이 말한 것처럼 '차이를 만드는 차이점은 무엇일까?')'?에 대해 의문을 가졌다.

　대가에게 직접 물어보는 당연한 과정을 통해서는 아무것도 얻을 수 없었다. 대가의 대답은 다른 치료사의 답변과 별반 다른 것이 없었고, 오히려 서로 간에 모순점도 있었다. 그래서 밴들러와 그린더는 치료 과정을 녹음하고 그들이 실제로 어떤 말과 행동을 했는지에 대해 전형적인 NLP 접근 방법으로 내용의 단어 하나하나까지 모두 철저하게 분석했다. 그들은 치료사들이 내담자의 신념과 태도를 변화시키기 위해 개입하는 방식에 대한 일련의 패턴을 찾았다. 그들은 이러한 패턴을 모형으로 요약하였고, 그 모형이 잘 작동하는지를 검증해 보았다. 그것은 맞아들었고 결국 새로운 치료가 탄생했다.

　그 후 NLP는 새로운 모델을 개발해 왔으며, 그 모델을 새로운 분야에 적용하면서 여러 방향으로 가지를 뻗어 나갔다. 가장 효과적이었던 분야 중 하나가 비즈니스였다. 이것은 영업 분야의 교육현장에서 주로 사용되었다. NLP 교육자들은 성공적인 치료사들에게 적용한 것과 유사한 방법으로 사업가들에게도 모델링 연습을 적용하였다.

월트 디즈니Walt Disney의 경험 분석에 근거한 로버트 딜츠의 창조적 '디즈니' 모형이 그 예다(디즈니는 단순히 귀여운 쥐를 그린 사람이 아니라 세계에서 가장 큰 비즈니스를 일으킨 사람 중 한 사람이라는 것을 상기하자.).

시간이 지남에 따라 NLP는 개인적으로나 상업적으로 인생의 여러 방면에서 중요한 통찰을 갖게 하는 지식의 중대한 본체가 되었다. 나는 영국과 미국의 최고의 임상가들과 함께 공부하면서 오랫동안 NLP에 몸담아 왔다. 나는 NLP의 심리적인 깊이와 그것이 사업가로서의 삶에 적합하다는 것, 그리고 무엇보다도 사람을 변화시킬 수 있는 힘이 있다는 것을 굳게 믿는다.

TA

TA(Transactional Analysis)는 교류분석으로 알려져 있다. NLP와 마찬가지로 인간 행동과 '중재 조정 모델(사람을 변화시키는 도구)'을 사용하는 치료 체계다.

TA의 기원은 NLP보다 훨씬 더 정통적이다. 창시자인 에릭 번Eric Berne은 프로이트의 정신분석을 공부한 의사다. 그러나 이 체제가 NLP의 발전에 가속도를 붙인 것은 아니다. TA의 자격증을 획득하기 위해서는 여러 해가 걸리는 데 비해, TA 치료의 결과는 객관적으로 검증해 봤을 때 특별히 인상적인 것은 아니다. 회의론자들은 이것이 체계적이지 않아서라고 말할지도 모르겠지만, 사실 이 말은 부적절한 표현이다. NLP는 기본적으로 건강한 사람들이 성장하고 발달할 수 있도록 도와주는 좀 덜 야심찬 목표를 지향하는 반면, TA는 TA의 모체인 정신분석과 마찬가지로 훨씬 더 어둡고 강력한 광기의 괴물을 제거하기 위한 치료모델로 시작되었으며, 이 점이 오해의 출발점이었다.

어쨌든 이것은 TA의 문제다. 그 여정이 어디로 가는지는 나도 모르지만, TA는 사업 코치를 하는 데 한결 부드러운 내용으로 훨씬 강력한 인간 행동과 동기에 관한 모형을 발달시켜 왔으며, 나는 그중 가장 좋은 것을 이 책에서 소개하려 한다.

코칭

비즈니스 코칭는 운동 코칭과 치료 그리고 상담이 가지고 있는 특성의 복합체다.

운동 코칭은 목표와 성취에 관한 것이다. 비즈니스 코칭도 마찬가지다. 코치는 명확한 과정을 따른다. 목표가 세워지고 그 목표에 맞추어 개개인이 평가되며 각 개인이 현재의 상태에서 원하는 상태로 개선될 수 있도록 자기 개선에 관한 프로그램이 개발되고 유지된다. 그런 다음에 운동선수로서 또는 사업가로서의 실제적인 성취로 바뀌어야 한다. 많은 기법으로 무장되어 있고, 빈틈없는 전략을 가지고 있더라도 당신이 진짜 실행해야 할 때 정신적으로 무너진다면 아무 소용이 없다.

치료에서(특히 칼 로저스Carl Rogers의 '인간중심치료'에서) 코칭은 내담자에게 초점을 맞춘다. 운동 코치는 자신의 고객에게 방법을 이야기해 주지만 심리 코치는 그렇게 하지 않는다. 내담자가 안건을 정한다. 또한 코칭을 한다는 것은 내담자가 자신에게 필요한 모든 '자원'을 가지고 있다는 가정하에 시작하며, 내담자의 지혜와 능력을 가로막는 스스로 만든 장애물을 제거할 수 있도록 돕는 것이 코치의 근본적인 역할이다. 『**테니스의 내적 게임**The Inner Game of Tennis』의 저자인 티모시 겔웨이Timothy Gallway는 다음과 같이 말했다.

'성취(performance) = 잠재력(potential) – 방해 요소(interference)'

강경론자인 로저리안Rogerian(인본주의[*]) 코치는 동의하지 않겠지만, 비즈니스 코치는 요청을 받았을 때에만 조언을 한다. 이러한 이유 때문에 이것은 상담과 관련이 있다. 내가 그 해답을 안다고 생각하는 비즈니스상의 문제를 가진 고객이 있다면 나는 기꺼이 그 답을 제공한다. 물론 고객은 그 답을 받아들이거나, 질문하거나, 거절할 수 있다. 이 책에서 제공하는 조언은 그러한 의미로 제시된 것이다.

개념: 당신의 '사업가 칩'

---

[*] 역자 주: 인본주의는 인간의 가치를 주된 관심사로 삼으며 인간을 가장 중요시하는 입장이므로, 인본주의적 코치의 입장이라면 고객이 요청할 때에만 수동적으로 반응하는 것이 아니라 언제나 고객을 관심 있게 살펴야 한다.

이것은 이 책의 전반에 깔려 있는 개념이다. 이것은 당신의 사업가 정신의 여정이 펼쳐짐에 따라 스스로 개발하게 될 것이다.

나의 아버지는 성공한 사업가였다. 노후에는 뇌졸중이 여러 번 와서 주로 병원에 계셨다. 아버지는 신경계통에 많은 손상을 입어서 어떤 일을 오래 기억하지 못했다. 나의 새어머니는 병실로 와서 사업상의 문제를 설명하곤 했다. 아버지는 설명을 듣고 질문을 하고는 매우 명확한 해결책을 제시하곤 했다. 다음 날 새어머니가 와서 아버지의 조언대로 하였는데 또 다른 문제가 생겨서 조언을 구하면 아버지는 당황한 표정을 지었다. 아버지는 어제의 대화를 전혀 기억하지 못했다. 새어머니는 모든 설명을 다시 해야 했으며, 아버지는 또 듣고 전날에 했던 질문을 다시 하고, 새롭고 아주 탁월한 조언을 했다. 이는 마치 정보를 받아들이고 올바른 결정을 하는, 과거나 현재의 어떤 특정 내용에 관한 기억이 없을 때 작동하는 컴퓨터 칩을 아버지의 머릿속에 심어 놓은 것 같았다. 회사 일에 관해서 이런 상황을 보는 것은 매우 당황스러웠지만 한편으로는 감동적이었다.

이제는 나 역시도 같은 칩을 가지고 있음을 느낀다. 비즈니스에 관한 정보가 들어오면 많은 고민 없이 결정을 내린다(학습이론의 용어로 나는 '무의식적 능력'을 개발했다.). 사업가는 신속한 결정을 해야 하므로 이것은 큰 가치가 있다.

사업가들은 흔히 '자신의 직관을 신뢰하라.'고 말한다. 나는 이것이 잘못된 비유라고 생각한다. 직관은 새들을 갑자기 이동하게 하는 열망과 같이 유전적으로 타고나는 것이지만 사업가의 칩은 학습되는 것이기 때문이다. 그러나 나는 그 표현의 의미를 이해한다. 그 칩은 다년간의 경험을 통하여 만들어진 것이지만 매우 자동적으로 작동하므로 직관처럼 느껴진다.

모든 유추는 불완전하다. 나의 아버지가 확실하게 갖추었던 것이나, 내가 터득한 것이나, 그리고 내가 당신의 내면에 갖추도록 도움을 줄 것은 칩도 아니고 직관도 아닌 습관적으로 작동하는 여러 가지기법이다. 그러나 나는 칩이라는 비유를 계속 사용하려고 한다. '사업가처럼 생각하는 법'이 그 칩의 역할이고, 당신이 그렇게 하도록이 책이 도와줄 것이다.

자신을 변화시켜라: 허가 패턴

이것은 당신 스스로에게 성공하도록 허가하는 방법이다. 이상하게 들릴지 모르지만 대부분의 사람은 어떤 일을 할 때 영향을 미치는 내적 '어버이 자아'(나중에 더 다루겠지만 TA의 개념)를 가지고 있다. 하지만 앞서 언급한 것처럼 하면 이 영향은 제거될 수 있다(『테니스의 내적 게임』 공식을 기억하라: '성취 = 잠재력 – 방해 요소').

1 자신의 의지를 간단히 진술함으로써 무엇을 허가하기 원하는지 적어 보라. '내 사업을 시작하겠다.' '지금이 바로 시작할 때다!' '내 방식대로 하겠다고 부모님께 얘기하자.' 이것은 복잡한 일이 아니다.

2 만약 진술한 대로 행동하지 않을 경우 일어날 수 있는 부정적인 면을 적어 보라. '나의 진정한 가능성을 다 발휘하지 못했다는 후회를 평생 동안 할 것이다.' '결코 돈을 벌지 못 할 것이다.' '다른 사람들이 언제나 나를 짓밟을 것이다.'

3 만약 진술한 대로 행동하지 않을 경우 일어날 수 있는 긍정적인 면을 적어 보라. '월급쟁이로서 고정적인 임금을 받는다.' '내가 지금 하는 일의 어떤 부분은 흥미롭다.' '안정적이다.'

4 앞의 3개 문항 중 몇 개가 '필수적'인 것이고 몇 개가 '바람직한' 것인지 분류해 보자.

5 '필수적'인 항목에 대해서는 당신의 목표를 어떤 방식으로 달성하면서 그러한 이득을 누릴 것인지 생각해 보라. 당신은 이 책을 통해 이 과정에서 도움이 될 만한 것을 발견할 것이다.

6 이제는 거울 앞에서 자신에게 말하라. '나 자신에게 X를 하도록 허락한다.' 여기서 X는 앞의 1번에 있는 당신의 의지에 대한 진술이다. 좀 더 특별한 방법으로 말하라. '내 자신에게 **사업을 시작하는 것**을 허락한다.' 굵은 글씨를 강조해서 말해 보자. 말할 때는 자신의 눈을 들여다보며 크고 명확하게 말하는 것이 좋다. 약간 이상하게 느낄 수도 있겠지만, 이것은 '내재된 명령embedded command'을 스스로에게 보내면서 NLP를 실행하는 것이다.

7 어떻게 느껴지는가? 만족스러운 느낌이 들지 않으면 4번으로 돌아가서 만족할 만한 당신의 목적을 위해 무엇을 더 해야 할지 생각해 보라. 5번과 6번의 항목을 반복하면서 다시 자신에게 허가하라. **진정한 힘이 솟아나는 것**을 느낄 때까지 이 과정을 반복하라. 허가의 느낌이 주어질 것이다!

치료사인 수니타Sunita는 자신의 상담소를 시작하고 싶어 했다. 우리는 이 과정을 여러 번 반복했는데, 그녀의 얼굴이 갑자기 상기되었고 웃음을 터뜨리며 "와, 성공이다!"라고 말했다. 몇 주 후 수니타는 상담소를 열었다.

● 차 례

시작하기 01

01

시작하기

Think Like an Entrepreneur:
Your Psychological Toolkit for Success

비즈니스는 어떻게 시작해야 할까? 첫 번째 대답은 '빠르게'다. 사업가는 언제나 '준비, 조준, 사격!'의 격언을 따른다. 따라서 나는 어떻게 당신이 첫 거래를 똑바로 잘할 수 있는지, 그리고 그 경험을 활용하여 당신의 비즈니스를 어떻게 시작하고 성장시킬 수 있는지에 대해 이야기하는 것으로 시작하고자 한다. 많은 사람이 반직관적이라고 생각할지도 모르지만, 나는 이것이 사업가적인 학습전략이라는 것을 설명하려고 한다. 그러나 사업가 정신은 무모한 것이 아니다. 그렇기 때문에 나는 당신이 내려야 할 수많은 결정의 기로에서, 도움이 될 만한 사람들과 그 밖의 수단들을 끌어모으는 방법에 대한 컨설팅의 기본을 어떻게 세워야 하는지에 대해 설명할 것이다. 마지막에는 당신이 자신의 인생 이야기의 주인공이라는 개념에 기초하여 변화 과정을 제시하려고 한다. 내가 존경하는 인물 중 한 사람인 윈스

턴 처칠Winston Churchill이 1940년 5월에 수상이 되던 날 했던 말로 시작
해 보자.

　　새벽 3시쯤 잠자리에 들었을 때, 나는 깊은 안도감을 느꼈다. 드디
어 나는 모든 부분에 방향을 제시할 수 있는 권한을 갖게 되었다. 나는
마치 내가 숙명적인 삶을 살아 왔으며, 과거 나의 모든 인생이 지금 이
순간과 이제부터 시도할 일을 위한 준비 과정처럼 느껴졌다. 지난 6년
간의 교훈은 너무도 많았고 상세했으며 지금 보면 너무나 당연했기 때
문에 아무도 나에게 반론을 제기할 수 없다. 내가 전쟁을 하거나 또는
전쟁을 준비하기 원한다고 해도 비난할 수 없다. 나는 그 모든 것에 대
해 아주 잘 알고 있으며 실패할 리가 없다고 생각했다. 그래서 나는 좋
은 꿈을 꿀 필요도 없이 빨리 아침이 오기를 기다리며 깊은 잠을 잤다.
현실이 꿈보다 더 가치 있었다.

　나의 첫 사업 구상은 정말이지 기발한 것이었다. 나는 돈을 빌려서
조심스럽게 증권에 투자하여 상승하는 주는 유지하고 떨어지는 주
는 빨리 처분하는 것을 의미하는 '10% 추적 청산'을 하였다. '추적
청산'은 주가가 상승했다가 만일 떨어지기 시작하면 차액을 모두 잃
기 전에 자동으로 빠져나오는 것을 의미한다. 나는 이 생각을 아버지
에게 아주 자랑스럽게 이야기하며 반응을 기다렸다. 아버지는 상기
된 얼굴로 지금껏 들은 말 중 가장 쓰레기 같은 생각이라고 말했다.
나는 상처를 받았고, "그럼 어쩌라는 말씀이세요?"라고 반문하였다.
그러자 "그냥 돈을 벌어(욕은 생략하겠다.)!"라는 대답이 돌아왔다.
　물론 아버지가 옳았다. 나는 그 자리를 박차고 나와 사람들이 원하

는 것들을 찾아내어 공급하는 비즈니스를 시작했다. 나의 실질적인 첫 사업은 직업소개소였다. 내가 정말 원하는 사업을 찾기까지는 임시직 프로그래머로 일했다. 임시직에 대한 수요가 많다고 느꼈기 때문에 나는 임시직 프로그래머들이 즐겨 읽는 잡지에 이력서를 보내라는 광고를 실었다. 몇몇의 사람들에게 연락이 왔고 나는 이 사람들을 소개하기 위해 큰 회사에 전화를 걸었다. 어느 정도는 성공했다. 그들은 일을 잘 하였으며 모두가 행복하였고, 나는 사업을 시작하게 되었다. 그 후 나는 몇 년간 이 일을 했고, 이 일은 내가 부동산 사업을 하는 데 재정적인 보탬이 되었다.

1. 가능한 빨리 움직여라

이 조언은 나만 하는 것이 아니다. 대부분의 성공한 사업가들은 이렇게 충고한다. 그러나 많은 초보 사업가들은 긴 사업계획을 반복해서 다시 쓰고, 시장조사를 하는 데 비용을 지출하고, 가장 흔하게는 제품을 손보느라 이 충고를 무시하곤 한다. 특히 마지막 경우는 비즈니스에 대한 경험이 없는 기술자에 의해 설립된 기술 분야 비즈니스의 폐해다. 그런 사람들은 여러 가지 사소한 문제점에 사로잡혀서 또는 기준 미달의 제품으로 자신의 '명성에 먹칠하기'를 원하지 않기 때문에 물건 팔기를 주저한다. 이해는 되지만 이러한 일은 대부분의 비즈니스에 치명적이다.

그렇다면 어떤 비즈니스든 일단 시작하고 볼 것인가?

그래도 공상만 하고 있는 것보다는 낫다! 물론 당신이 하는 일에 대하여 기본적인 것을 신속하고도 조직적으로 생각하는 것이 유리하다. 당신의 아이디어는 이론적으로 정립되어야 하며, 비즈니스가 유지되기 위한 가능성이 있어야 한다. 단기적으로는 회사가 스스로 유지되기까지 얼마의 시간이 필요한지 판단할 수 있어야 한다. 장기적으로 볼 땐 1인 기업 이상으로 성장할 가능성이 있는가? 나는 이와 같은 신속한 예상을 '5분 사업계획'이라고 부른다.

코치로서 나는 전문 코치가 되고 싶어 하는 사람들을 많이 만난다. 그들 중 많은 사람은 5분 사업계획을 해 본 적이 없다. 나는 한 번 코칭해 주는 데 얼마의 수입을 기대하는지 물어보았다. 대부분이 기본료를 '시간당 약 50파운드'라고 대답한다(물론 유명한 코치는 그보다 몇 배를 더 벌지만, 만일 자신의 한계가 50파운드라고 느낀다면 그 한계에 갇히게 된다.). 아마도 한 주에 열 명 이상의 사람을 만나는 것은 어려울 것이다. 이것은 어떠한 코치라도 불가능하다. 이것은 몹시 피곤한 일이며 관리, 시장 개척, 기록 작성 등에도 시간을 할애해야 한다. 따라서 임대료, 시장개발비, 슈퍼비전 비용, 세금까지 내다보면 수입은 주당 최대 500파운드 밖에 안 된다.

또한 여기에는 시간적인 요소도 있다. 그 시기에 사업을 하고 있지 않다면 좋은 고객 리스트를 갖추기까지는 시간이 걸릴 것이다. 그동안 어떻게 살아갈 것인가? (실제로 대부분의 성공적인 코치들은 코치하는 것 외에도 찰스 핸디Charles Handy가 '포트폴리오' 접근이라고 부르는 여러 가지 잡다한 일을 한다. 코치하는 것만으로 먹고 살기까지는 오랜 시간이 필요하기 때문이다.)

장래의 잠재적인 코치에게는 비즈니스의 성장에 대한 장기적인 관점이 불필요할 수도 있다. 비즈니스를 '예측할 수'도 없지만 그럴 필요도 없기 때문이다.

반면에 임시직 직업소개소는 확실히 좋은 비즈니스였다. 창업 비용이 적게 들었고 현금이 빨리 입금되었으며 많은 잠재력을 가지고 있었다. 사업을 하면서 동시에 임시직으로 일하고 있었기 때문에 초기의 사적인 비용을 감당하는 것은 전혀 문제가 되지 않았다. 내가 해야 하는 일은 오로지 사업이 돌아가게 하는 것뿐이었다.

이제 당신의 아이디어가 이와 같은 이론적인 시험을 통과하였다면 가능한 빨리 실전에서 시험해 보라. 당신이 제공하는 것을 구매할 만한 사람을 찾아라.

> ## 5분 사업계획
> - 창업하고 운영할 때, 과연 이 비즈니스는 잘 유지될 수 있을까?
> - 비즈니스가 잘 유지되기까지 시간은 얼마나 걸릴까?
> - 그동안 어떻게 유지할까?
> - 장기적으로 '성장 가능성이 있는' 비즈니스인가(1인 기업 이상으로 발전할 수 있을까)?

당신 자신과 당신이 '제공'할 수 있는 가치에 대해 충분한 에너지와 신념이 있다면, 당신은 고객을 찾을 수 있을 것이다. 뿐만 아니라 그 고객은 실제로 당신과 당신이 제공하는 것을 좋아하게 될 것이다. 나는 모든 비즈니스를 시작할 때마다 나도 잘 모르는 것을 팔았다. 그럼에도 불구하고 나는 항상 고객을 찾을 수 있었으며 그들은 항상 만족했다. 고객들은 내가 부족함을 감추기 위해 노력하는 것을 열정과 투지로 여겨 주었다. 당신을 진정으로 알아주는 사람들과 일하는 것만큼 좋은 것은 없다.

아마 함부르크 시절의 비틀즈가 좋은 비유가 될 수 있을 것이다.

당신이 갈 수 있는 클럽이 두 군데 있다고 가정해 보자. 한 클럽은 아주 훌륭한 음악가들이 연주하지만 지루하다. 다른 클럽에서는 영국에서 왔으며 거칠지만 유능한 그룹(비틀즈)이 연주한다. 당신은 어느 클럽을 선택하겠는가? 나라면 항상 비틀즈에게 갈 것 같다.

내가 20대 초반일 때, 내 직업소개소의 직원들에게 임금을 지불할 수 있도록 나에게 돈을 빌려 준 은행 지점장이 있었다. 그는 내가 초짜라는 것을 알았지만 나의 성공을 확신했으며, 일찍이 인재를 알아보는 것에 관심이 있었다. 주변을 살펴보면 떠오르는 스타와 함께 일하기를 원하는 사람들이 많았다.

'거래를 한다.'는 것은 물론 나가서 물건을 파는 것이다. 특히 당신이 비즈니스에 대한 경험이 많지 않다면 새로운 제품을 가지고 첫 손님을 대하는 일은 두려운 일이다. 어떤 사람들은 "두렵지만 시작해 본다."(수잔 제퍼스susan Jeffers에서 인용)라고 말한다. 그러나 나는 그 두려움을 살펴보는 것이 더욱 도움이 된다는 것을 깨달았다. 전화를 하려고 하는데 갑자기 두려움이 생긴다면 "일어날 수 있는 최악의 상황은 무엇일까?"라고 크게 외쳐 물어보고 크게 대답하라.

• 아마 '상대방이 거절할 것이다.' 영업하는 모든 사람은 『개구리 왕자』의 공주처럼 두려움을 가지고 '많은 개구리에게 키스'를 해야 하지만 대부분은 왕자로 변하지 않는다는 것을 배울 것이다. 시장조사를 통해 '거절'을 당신에게 이로운 상황으로 바꿀 수 있는가(나는 모든 냉담한 태도의 전화 응답도 조사를 하는 훈련이라고 본다.)? 관심이 없는 이유를 기분이 상하지 않게 물어보라. 때로는 아주 유익한 대화를 나누게 된다. 물론 항상 그런 것은 아니지만!

- '상대방이 화를 낼 것이다.' 이것은 가능성이 낮다. 어떠한 이유에서든 상대방이 화를 낸다면, 그가 문제 있는 사람이다. 당신 잘못이 아니다.
- '나를 경멸하고 사방에 소문을 퍼뜨려서 나의 **평판을 나쁘게 할 것이다.**' 물론 말도 안 되는 경우지만, 무의식은 때때로 모든 권력을 잃게 될지도 모른다는 터무니없는 생각을 품게 하기도 한다.

일단 최악도 아니고, 바보 같지도 않은 결론이 정해졌다면 자신에게 질문하라.

"그래서 뭐?"

대답은 또다시 어리석은 것처럼 느껴질 수 있다.

"이것을 팔 수 있는 가장 좋은 기회이고 최상의 고객인데……. 이 기회를 놓치면 이제는 끝장이다."

이러한 대답을 외면하지 마라. 바보 같은 생각을 계속해 본 다음 다시 질문하라. **더없는** 최상의 기회? **완벽한** 고객? **파멸의** 내리막 길?

NLP에서 '제한신념'이라고 부르는, 이러한 터무니없는 생각을 정리하는 것은 사업가로서 좋은 훈련이 될 수 있다. 기회는 항상 있다. 완벽한 고객은 없다. 고객은 많으며, 이 사람보다 더 좋은 고객도 많이 있을 것이다. 정해진 결과는 아무것도 없다.

좀 더 현실적이고 '합리적인 최악의 결과'는 영문도 모른 채 계속 '거절'당하거나 계속해서 운이 나쁜 것이다. 영업하는 사람이라면 모두 이런 경험을 한다. 최상의 해법은 잠시 쉬고 나서 재충전을 한 다음 다시 시도하는 것이다.

좀 더 긍정적인 느낌이 드는가? 좋은 현상이다. 사실, 자신의 두려움을 극복했다고 하더라도 전화기를 들면 여전히 불안한 기분이 든다. 그래도 괜찮다. 훌륭한 배우나 연주자도 때로는 무대에 올라가기 전에 긴장을 하곤 한다. 그들은 "발 아래로 긴장을 묻어 버려라."라고 이야기한다. **두려움을 극복하기 위한 모든 노력을 한 다음**에는 '두렵지만 어쨌든 시도하라.'는 것이 좋은 충고다.

많은 두려움의 뒤에는 유용한 메시지가 있다. 불시에 누군가에게 전화를 한다는 것은 실제로 누군가의 시간과 집중을 요구하는 것이다. 이 점은 중요한 사항이다. 나는 상품을 판매하기 위해 전화를 할 때 언제나 다음과 같이 시작한다. "안녕하세요. 저는 ○○회사에 근무하는 로비 스타인하우스라고 합니다. 혹시 당신이 □□에 관심이 있는지 알아보고 싶은데 잠시 통화할 수 있을까요?" 잠깐 그들의 시간을 쓰는 것에 대해 허락을 구하면 대부분은 "네, 잠깐이라면⋯⋯."이라고 마지못해 대답한다. 이것은 최소한 이론적으로라도 그들이 대상 고객이 될 수 있는지를 파악하기 위한 첫 접촉으로 충분한 시간이다.

물론 첫 판매를 위해 판촉 전화를 하지 않을 수도 있다. 대부분의 많은 사업가는 처음에는 취직해서 일하다가 자신의 사업을 시작하는데, 자신이 일했던 회사를 첫 고객으로 시작하기도 한다. 이러한 방법은 당신이 그 상황에 만족하여 다양한 고객층을 넓히는 일을 소홀하게 할 위험도 있지만 아주 좋은 시작이다. 어떤 사업가는 친구나 적어도 알고 지내는 사람 혹은 믿음이 있는 사람에게 판매하는 것으로 시작한다. 어떠한 '경로'로 첫 판매를 시작하든 간에 되도록 빨리 착수하라.

2. 사업가의 길 터득하기

자, 이제 첫 고객을 확보했다. 수고했다. 이제 자신을 사업가라고 불러도 좋다. 물론 당신은 리처드 브랜슨Richard Branson*과는 많은 차이가 있다. 그러나 당신도 당신만의 길을 가고 있다. 이제 당신의 비즈니스에 대하여 공부할 시간이다.

사업가들은 일반적인 사람들과는 다른 방식으로 학습한다. 많은 사람은 본질적으로 정적인 학습을 하지만, 우리는 '동적인 학습'이라고 부르는 방법을 연습하려고 한다. 대부분의 사람은 학습을 하는데 많은 시간이 걸린다고 생각한다. 사람들은 대학에 가서 어떤 주제를 2년 동안 공부함으로써 이론을 정립한다. 그런 다음 그 이론을 현실에 적용해 보고, 시간이 지남에 따라 그 이론의 어떤 부분이 당신에게 맞지 않는지(혹은 전혀 맞지 않는지) 깨닫고는 거창한 모델과는 차이가 있지만 현실엔 너무나도 잘 맞는 여러 가지 소소한 것에 대해 배우게 된다. 아마도 5~6년 후에는 이론과 실제의 조화를 갖추게 되고, 자신을 전문가로 느끼기 시작할 것이다. 그리고 10년 후 당신은 진정한 의미의 전문가가 될 것이다(실제로 '10년 법칙'이라고 부르는 개념이 있다. 1주일에 40시간씩 10년을 일하면 그 분야를 터득한다는 것이다.).

사업가의 동적인 학습은 이와는 반대다. 사업을 시작하고, 언제든 어디서든 조언을 구함으로써 배우며, 예측하고, 시도해 보고, 실수하고, 그리고 만회하면서 나머지를 터득한다. 대부분의 영국 사람에게 (해협을 건너 대륙에서는 더욱 심하지만) 이것은 직관적인 게 아니다. 가

---

* 역자 주: 360개 이상의 계열사를 거느린 영국 최고의 기업인 버진그룹(Virgin Group)의 창업자

라고 해서 학교에 갔고, 착한 아이가 되라고 해서 그렇게 했으며, 공부하라고 해서 공부했고, 학업이 끝난 후에는 취직을 했다. 사업가들은 스스로에게 일자리를 제공하는 것에서부터 시작하며, 그 일은 그들이 무엇을 알아야 하는지에 대해 가르친다.

NLP 코스를 운영하기로 결정했을 당시 나는 NLP 코스관리의 전문가는 아니었다. 하지만 그 주제에 매료되었고, 코스를 운영하고자 하는 발상은 5분 사업계획 테스트를 통과했다. 나는 친분이 있는 그 분야의 전문가에게 코스를 운영해 보겠냐고 물어보았다. 그가 동의하자, 나는 즉시 일정표에 기록을 하고 교육장을 예약했다. 그 후 나는 교육비를 얼마로 책정해야 하는지, 수강생을 어떻게 모으고 홍보해야 하는지, 강의 자료와 진행 보조자에게 무엇을 기대해야 하는지와 같은 많은 것을 배워야 했다.

나는 이러한 배움을 철저하게 즐겼다. 교육장은 5개월 전에 예약했기 때문에 배우면서 기초를 다질 만한 시간이 충분했다. 코스 운영은 성공적이었다. 물론 가시화되지는 않았지만 조직적으로 수많은 실수를 저질렀으며, 그러한 것을 통해서도 또 많은 것을 배웠다. 그다음 코스는 한층 유연하게 진행되었다. 이제 나는 공인된 NLP 교육자이며, 우리 코스는 영국 내 최고 중 하나다.

물론 나는 사업가 정신을 배우는 것에 대한 이야기를 하는 것이지 그에 관한 기술이나 솜씨에 대해 이야기하는 것은 아니다. 나는 영국과 미국에서 관련 분야의 과목을 듣고 많은 시간을 들여 실습하고, 촘스키Chomsky와 베이트슨Bateson 같은 사람들의 이해하기 힘든 저서들을 애써 읽는 등 NLP-I을 배워야 했다. 그러고 나서 마침내 가르치는 입장에 서게 되었다. 그러나 이것은 이론적인 학습이었다. 비즈니스를 경영하는 것은 다음의 세 가지를 갖추는 것에서 배우게 되는 매우 현실적인 것이다.

- 자신감
- 조직적인 접근
- 마감날짜

대부분의 실질적인 학습은 의식적인 무능함을 통하여 무의식적인 무능함으로부터 의식적인 능숙함으로 진행되고, 최종적으로 무의식적인 능숙함에 이르는 형태를 따른다. 다시 말하면 다음과 같다.

1 할 수 없는 것인데 그것이 쉽다고 생각하는 실수를 저지른다.

2 할 수 없다는 사실을 알고 있다.

3 적절하게 할 수 있지만 모든 노력과 주의를 기울여야 한다.

4 의식적으로 생각하지 않아도 우리는 잘할 것이다.

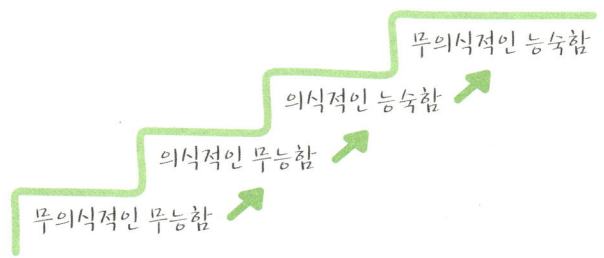

(이 모형은 NLP나 TA에서 나온 것이 아니다. 어디서 유래되었는지는 아무도 모르지만, 아마도 1970년대에 고든 국제훈련소Gordon Training International의 직원이었던 노엘 버치Noel Burch의 것으로 추정된다.)

이러한 형태의 전형적인 예는 자전거 배우기다. 어렸을 때 우리는 다른 아이들이 자전거 타는 것을 보며 쉬울 것이라고 생각한다(무의식적인 무능함). 그래서 자전거를 구해 페달을 밟지만 넘어지고 울음을 터뜨린다(의식적인 무능함). 그리고는 흔히 "다시는 안 탈 거야!"라고 말한다. 그러나 다음 날이 되면 다시 자전거를 탄다. 그러다가 곧 자전거를 탈 수 있게 되고, 새로 터득한 기술에 모든 노력을 기울이게 된다. 이 단계에서 아이들의 얼굴을 살펴보라. 물론 '식은 죽 먹기'일 것이다.

비즈니스의 초기 단계에서 어떤 사람들은 이와같이 초기의 넘어지는 시점에서 포기하곤 한다(의식적인 무능함). 사업가들은 이런 일들을 자극으로 받아들이며, 심리학자 엘렌 위너Ellen Winner가 새로운 것을 '숙달하고자 하는 욕구'라고 명명한 것과 같은 의욕을 가지고 무엇 때문에 실패했는지를 알아낼 때까지 쉬지 않는다.

혼란은 의식적인 무능함에 맞닥뜨릴 때 나타나는 자연스러운 반응이다. 이것은 우리가 아주 '쉬운' 일을 하지 못해 부끄러움을 느꼈던 어린 시절의 기억을 떠올리게 하기 때문에 고통스러울 수도 있다. 그러나 성인으로서 우리는 이러한 혼란도 받아들일 수 있어야 한다. 이것은 '나에게는 안 맞아.'와 같은 신호가 아니라 자연스러운 배움의 과정일 뿐이다.

이러한 과정에서의 '열린 결말open-endedness'을 즐겨라. 그것이 당신을 어디로 이끌지는 모르지만 당신의 사업가 칩은 당신의 위치가 지금보다 나은 곳으로 데려다 줄 것이라고 이야기할 것이다.

3. 컨설팅의 기초 형성

동적인 학습의 한 가지는 '어디서나 도처에서 조언을 수집'하는 것이며 이것이 내가 '상담의 토대라고 부르는 것'을 형성하는 것이다. 이는 당신이 이미 알고 있는 것들을 이야기하면서 하루에 몇 천 달러씩 요구하는 경영 대학원 졸업생들의 집단을 의미하는 것은 아니다. 이는 조언을 구하고자 할 때 기꺼이, 때로는 무상으로 응해 줄 만한 식견이 있으며 경험이 많은 사람을 의미한다(법률이나 회계 전문가와 같이 무상이 아닌 경우에는 가격 협상을 해야 한다.). 현명한 멘토링과 '팁', 두 종류의 조언을 구별할 줄 아는 것은 유용하다.

되도록이면 빨리 현명한 **멘토**를 구하라. 사업가 집안에서 성장하지 않은 사람이라면 더욱 그러하다. 나의 아버지는 내게 아주 훌륭한 멘토였다. 사업을 처음 시작했을 때 나는 아버지와 매일 통화했다. 내가 직면한 문제를 설명하면 아버지의 첫 질문은 흔히 "네 생각은 어떠니?"였으며, 이것은 스스로 방법을 찾아보게 하는 전형적인 코치 교육이었다. 아버지는 내 대답을 듣고서 동의하거나, 확신을 주거나, 아니면 대안을 제시해 주었다. 내가 아주 잘못된 방향으로 가고 있다고 판단한 경우에만 직접적인 충고('이렇게 하라!')를 주었다.

몇 년 뒤에 아버지가 돌아가신 후 나의 비즈니스는 어려움을 겪게 되었으며, 나는 배리 피어슨Barry Pearson이라는 사람을 멘토로 삼았다. 피어슨은 부동산 비즈니스에 대해서는 잘 몰랐지만 그 당시 나에게 필요했던 자신감과 성공에 대한 의지를 심어 주었다. 그는 나의 마음 속 깊은 곳에 있는 불안을 없애 주었으며, 그의 멘토링을 통해 나는 더욱 강하고 더 나은 사업가가 될 수 있었다.

전문가들 중에서는 아직도 나를 멘토링해 주는 사람들이 있다. 그들 중에는 많은 사업가와 일한 경험이 있으며 우리가 어떤 생각을 하고 어떻게 운영하는지를 정확히 알고 그 지식을 나에게 기꺼이 전해 주는 은행 지점장들도 있다(은행 지점장들은 종종 회사의 로봇으로 묘사되는데, 일부 그런 사람들이 있기도 하다. 그러나 그러한 모습을 직접 보기 전까지는 당신이 알고 있는 지점장도 그럴 것이라고 추측하지 마라.). 나의 변호사인 글렌 스티븐슨Glenn Stevenson은 20년 동안 나의 멘토였다.

이 글을 쓰는 이 순간에도 "로버트, 가장 힘든 일이기는 하지만 때때로 가장 현명한 행동은 아무것도 하지 않는 거야."라고 충고하는 그의 목소리가 들린다(많은 사업가와 마찬가지로 나 역시 모든 일이 이미 다 완수되었기를 바라는 TA의 '서둘러라 몰이꾼'이 있다.).

멘토들의 조언을 '중요한' 정보로 활용할 때 최대의 효과를 볼 수 있다. 다시 말하면, 조언은 '구체적으로 ~을 하는 방법'이라기보다는 긍정적인 태도와 영감의 원천으로서 가장 유용하다는 것을 의미한다.

때로는 구체적으로 '~을 하는 방법'에 대한 **팁**이 필요할 때도 있다. 이땐 부끄러움을 무릅쓰고 모든 사람에게서 그 방법을 구하는 정보 수집가가 되어야 한다. 많은 전문가는 '가는 것이 있으면, 오는 것이 있다.'는 것을 알기 때문에 기꺼이 도와줄 것이다.

내 고객 중 한 명은 다음과 같은 이야기를 하였다. "처음 사업을 시작했을 때 나는 이중장부 기입에 대해 아무것도 몰랐어요. 전화번호부에서 회계사를 찾아 그것에 대해 문의했고 그는 친절히 가르쳐 주었어요. 그는 아무 비용도 청구하지 않았지요. 나는 그 사람을 20년이 넘도록 내 개인 회계사로 고용하여 함께 일하고 있어요."

1) 전문가 활용

전문가들 또한 멘토가 될 수 있다고 앞서 이야기했다. 그러나 슬프게도 모든 전문가가 그렇게 될 수 있는 것은 아니며, 어떤 사람은 전혀 도움이 되지 않을 수도 있다. '전문가'에게는 두 가지 문제점이 있을 수 있다. 한 가지는 그들이 전문적인 용어를 사용하기 때문에 위협적일 수도 있다는 점이고, 두 번째는 가끔 그들의 태도가 매우 부정적이라는 것이다.

먼저 위협에 대해 이야기하자면, '전문가'들은 전문 용어를 사용하며 대화를 하려는 경향이 있고 그 용어를 이해하는 것은 당신의 몫이라고 생각한다. 이는 옳지 않다. 그들은 평범한 일상 용어로 대화해야 한다. 여기에는 두 가지 이유가 있다. 하나는 단순히 예의상의 이유다. 또 하나는 어려운 용어를 사용해야 요점을 '설명'할 수 있다면 스스로도 자신이 무슨 말을 하는지 이해하지 못할 가능성이 높다는 것이다. 변호사든 회계사든, 당신이 분명히 이해할 때까지 모든 단어와 문구, 조항, 문장을 조목조목 따져야 한다. 만약 필요하다면 단어 하나하나를 번역해야 한다. "지금까지 거론된 소 항목에 의한 타당하고 적합한 권리를……."과 같은 표현을 받아들이지 마라. 어떤 항목에 의하여 당신과 다른 사람이 해도 되는지, 또 해서는 안 되는지를 분명히 해야 한다.

두 번째 문제는 부정적인 태도다. 변호사와 회계사는 대개 신중하다. 그들의 직업이 그러하므로 이 점을 비난할 생각은 없다. 모든 가능성을 고려하여 고객을 보호하고 — 좀 더 솔직하게 말하자면 — 그들 자신을 보호하는 것이 그들의 역할이다. 따라서 그들은 자연스럽게 비판적이다. 이런 상황이 발생한다고 가정해 보고……, 저런 상황이 일어난다고 가정해 보고…….

　그러나 사업가는 이와 같아서는 안 된다. 우리는 낙관적이어야 한다. '논리적이고 계획적인 낙관론자여야 하지만, 하여튼 낙관적이어야 한다.' 이렇게 서로 상반되는 경우에는 어떻게 해야 할까? 한 가지 답은 모든 전문가를 피하는 것이다. 이로 인한 결과는 종종 좋지 않다. 이보다 좀 더 좋은 선택은 전문가들의 조언을 하나의 양념처럼 취급하는 것이다. 변호사나 회계사에게 다음과 같이 질문하는 것이 좋다. "내가 이렇게 할 경우 발생할 수 있는 최악의 상황은 무엇입니까?" 만약 그 대답이 심각하다면 조언에 대해 깊이 고려하라. 그러나 대부분은 그다지 심각하지 않을 것이다.

　부동산 사업가인 릭은 "나는 내 변호사에게 '진행하라!'고 지시하는데 만약 그가 반대한다면 무엇이 문제인지 파악하고 대처한다."라고 말했다.

　법은 흑백 논리가 아니며 어떻게 해석하느냐에 따라 좌우된다는 것을 기억하자(그 해석은 변호사가 아니라 판사가 한다.). 만일 그것이 명백한 범죄행위라면 해서는 안 된다. 시간이 지남에 따라 당신이 개발하게 되는 '사업가의 칩' 중 일부분은 법적 판단이 될 것이다. 이것은 당신이 언제 선을 넘어서는 안 되고, 언제 요령을 부려도 되는지를 알려 줄 것이다.

　그렇다면 훌륭하고 '전문적인' 조언을 어디에서 구할 수 있을까? 나는 주로 큰 조직에 있다가 스스로 독립한 지 얼마 안 된 사람을 선택한다. 그들은 풍부한 경험을 가지고 있으며 일거리에 굶주려 있다. 그들 또한 자기 사업을 하기 때문에 당연히 당신의 문제를 이해한다. 당신이 필요할 때 5~10분 정도 전화로 대화를 하고 그들의 관심을 얻으면서 굳이 비용을 지불하지 않아도 되는 그런 관계가 필요하다.

대조적으로 가장 난처하게 하는 변호사나 회계사는 큰 조직에 소속된 신참들이다. 이들은 큰 회사에 대한 거만함, 신입으로서의 고지식함과 조심성을 가지고 있다. 그러므로 사업가로서 당신은 다음과 같이 '상담의 토대'를 세울 수 있어야 한다.

1 영감을 주고 방향을 제시해 줄 멘토
2 당신이 기술적인 조언을 얻을 수 있는 경험이 많고 숙련된 사람들. 그중 몇몇은 '전문가'다.

동시에, 신통하지 않은 아이디어로 분량만 채웠거나 관점이 없는 서적보다는 저자의 주관이 뚜렷하고 깊이가 있는 좋은 서적, 그리고 관련 분야의 잡지(온라인에서나 오프라인)를 읽음으로써 당신의 지식 기반을 확장시켜야 한다. 사람들과 대화하라. 최근 유행하는 '네트워킹'은 과대평가되었다고 생각한다. 내가 참석해 본 '네트워킹' 모임은 장사하려는 사람들로 가득 차 있었다. 그러나 당신의 비즈니스 분야에 있는 사람들과 만나서 교제하며 누가 어떤 일을 하고 무슨 일이 일어나는지를 배우는 것은 좋은 일이다.

4. 개념: 영웅의 여정

이것은 모험적인 사업과 같이 새로운 도전을 시작했거나 도전을 고려하는 사람들 누구에게나 유용한 개념이다. 이것은 두 단계로 작용한다. 첫 번째는 도전하는 '여정'이며 그 자체가 꽤 영감적인 은

유다. 그리고 두 번째로는 이것에 관해 로버츠 딜츠Robert Dilts가 만든 NLP 변화 과정이 있다.

영웅의 여정은 인류학자이며 철학자인 조셉 캠벨Joseph Campbell의 연구에 기반을 두고 있다. 캠벨은 전 세계의 전설을 분석한 후 비슷한 패턴이 있다는 것을 발견했다(그 연구 결과는 1949년 『천의 얼굴을 가진 영웅The Hero With a thousand Faces』이라는 저서에 발표되었다.). 그 후 이 책은 할리우드에서 영화를 기획하는 기본 템플리트로 활용되었고, 치료사들에 의해 내담자 개인의 변화와 성장에 관한 은유로서 사용되기도 했다. 캠벨이 발견한 각 단계를 간단히 소개한다.

1) 부름

보통 한 영웅의 이야기로 시작한다. 여기서 영웅은 남녀 구분 없이 주인공을 나타내는 표현이다. 그들은 보통 그들 자신이나 주변의 불만족스러운 상황에 놓여 있다. 이때 이 상황을 해결하라는 부름을 받는다. 신화에서는 주로 '사자herald'가 이런 역할을 한다. 이것은 해결책을 찾기 위한 여정의 시작을 의미한다. 처음에는 대개 너무 위험하거나 혹은 단순히 귀찮아서 이러한 부름을 거절한다. 그저 그럭저럭 지나가기를 원한다. 그러나 상황은 더욱 악화되고 영웅의 심적 변화를 일으킬 만한 사건이 벌어짐에 따라 결국 부름에 응하게 된다.

사업가들 또한 이런 과정을 인식할 것이다. (어떤 일들이 처리되는 기존의 방법에 대한 초기의 불만족스러운 느낌으로부터 더 나은 새로운 방법을 알게 될 때까지의 과정을 통해 점차 명백해진다.) 또는 '무엇인가 조치가 필요해.'에서 비록 느리지만 '내가 처리해야겠어!'로 인식이 점차 커지는 경우일 수도 있다. 사업가들은 이와 같이 '부름에 응하는'

상황에 익숙하다. 그리고 결심한다. '그래, 내가 직접 할 거야.'(이런 과정은 비즈니스를 하는 동안 여러 번 반복되며, 매번 중요한 결정이 된다.)

2) 혼란에서 명료함으로

행동하기로 결정하고 나면 영웅은 현재의 상황을 떠나 새로운 세계로 경계를 넘어 간다(예를 들면, 엘리스가 토끼 굴에 빠지는 것처럼 말이다.). 새로운 세계에서 그들은 혼란을 경험할 것이다. 그러나 곧 상황을 파악할 것이다. 그들이 있는 세계에서 문제의 원인은 악마이며, 악마는 새로운 세계에서도 존재하므로 그들과 싸워야 한다.

야심찬 사업가에게 있어서 한계점은 '과거의 무거운 짐'을 의미한다. 이것은 오래된 습관이나 기대(급여와 같은)와 같은 것을 의미하며 "이 모든 것은 시간 낭비야, 만약 복직하기를 원한다면 그렇게 해도 돼."라고 당신에게 말하는 내부와 외부의 목소리다.

기획 단계에서 최선을 다했음에도 불구하고 일어나는 혼란은 모든 사업가에게 익숙한 상황 중 하나다. 이것은 해결을 필요로 하며, 당신은 사업가로서 그 혼란을 해결하게 될 것이다.

악마를 인식하는 것은 어느 비즈니스에서나 중요한 순간이다. 어떤 사업가들은 아주 쉽게 부자가 된다. 이것은 정말 행운이며, 어떤 사람들에게는 이러한 행운이 찾아오기도 한다. 그러나 대부분은 그렇지 않다. 우리와 성공 사이에는 장애물이 있으며, 실제로 사업을 하기 전까지는 그 장애물이 무엇인지 정확하게 알기 어렵다.

3) 도움 모으기

영웅은 악마와 싸워야 하지만 혼자의 힘으로는 가망이 없다는 것을 안다. 도움을 찾아야만 한다. 때로는 우연히 발견하기도 한다. 그 도움은 마술 같은 힘을 가진 지혜로운 사람일 수도 있다. 이 사람이 바로 **멘토**다. 멘토는 어떤 마술 같은 힘으로 우리를 보호해 줄 수도 있다(이것에 대한 재미있는 현대판 '예'는 〈007 본드〉 시리즈다. 영화가 약 1/3쯤 진행되면 Q에 의해서 007에게 각종 유용한 도구가 제공되는 것이 바로 그 도움의 '예'다.). 또한 (오즈의 마법사의 허수아비, 양철인간 그리고 겁쟁이 사자와 같이) 도움을 주는 **조력자**들이 주변에 모여들고 여행자를 따라다니기도 한다. 멘토가 주시하고 있으며 그들의 마술 도구가 준비된 가운데 영웅의 여러 동지는 악마와 싸움을 시작한다.

영웅과 사업가는 분명 서로 유사점이 있다. 첫째, 당신 혼자 감당해야 하는 여정이긴 하지만 어떠한 도움 없이는 목적지에 도달할 수 없다는 사실을 인식해야 한다. 둘째, 좀 더 구체적으로 표현하면 지혜롭고, 경험이 많고, 안목이 있는 멘토의 지도를 받을 필요가 있다. 안타깝게도 이것은 마술 같은 보호와 견줄 수 없다. 멘토의 지혜가 은유로서 적합하게 보일 수도 있겠지만, 나는 당신의 에너지와 자신감 그리고 용기와 같은 재능을 은유라고 생각하며 이것이야말로 진정한 마술적 에너지를 지니고 있다고 본다. 조력자들은 다른 조언자들이나 당신을 위해 일하는 사람들과 같이 주변 사람들로 이루어진 하나의 '팀'이다.

4) 전투

드디어 악마와 마주치고 싸우고 또 이겨냈다. 이야기를 더욱 흥미롭게 하기 위해 초기에는 선한 사람들이 아주 심한 고초를 겪기도 한다. 그리고 극적인 반전이 일어난다. 대부분 이러한 순간에 영웅들은 변화를 경험한다. 매우 가치 있는 어떤 것을 배우거나 또는 상황을 반전시키고 승리할 수 있게 하는 개인적 변화 과정을 거친다. 때로는 승리를 위하여 희생하는 대가를 치르기도 한다(이야기 초기에는 성인의 세계에서 인정받기 위해 그들의 유년시절과 특권을 잃기도 한다.).

알고 보면, 대개 악마는 약점이 많고 미미한 존재로 드러나기도 하며, 때로는 영웅의 조력자로서 협조하기도 한다. 그러나 영웅은 이전 세계의 문제를 해결하려고 이곳에 온 것이지 단지 악마를 처치하려고 온 것이 아니라는 것을 기억해야 한다.

비즈니스에서의 승리는 이와 같이 극적으로 전개되기보다는 대부분 점진적으로 일어난다. 그렇지만 나는 악마가 우려했던 것보다는 대단하지 않은 것으로 드러나고 궁극적으로는 영웅의 협력자가 되는 부분을 좋아한다. 당신의 경쟁자가 악마처럼 보이겠지만, 그들에게도 분명 배울 점이 있으며, 일반 대중이 당신의 제품을 인식하는 데도 도움이 될 것이다. 만일 당신의 악마가 실패에 대한 두려움이라면 두려움의 목적은 당신을 보호하려는 데 있다는 것을 기억하자. 만일 두려움 때문에 당신이 비용을 좀 더 절약하거나 혹은 법을 어기지 않으려고 주의한다면 당신에게 도움이 될 것이다.

5) 귀향

영웅은 종종 그들이 떠나온 과거 세계의 잘못을 바로 잡기 위해 악마로부터 마술적인 '묘약'을 훔쳐야만 할 때도 있다. 어떤 이야기에서는 영웅이 이전의 세계로 돌아가기를 주저하기도 한다. 그들은 새로운 세계에서 승자가 되었으므로 과거의 세계는 더 이상 매력적이지 않은 것처럼 느끼기도 한다. 또 어떤 이야기에서는 묘약을 훔친 영웅이 악마의 추종자들로부터 추격을 당하기도 한다. 이 경우에는 종종 과거의 세계로부터 온 아군들이 영웅을 구한다. 결국 그는 묘약을 가지고 이전의 세계로 돌아와 무사히 전달하고 삶을 이어나가게 되며, 여전히 '세상의 영웅'이 된다.

묘약은 사람들이 당신과 함께 비즈니스하기를 원하도록 만드는 당신 사업만의 특별함으로써, 당신의 고객에게 제공하는 가치라고 볼 수 있다. 그것을 실체화하기 위해 흡혈박쥐 무리나 광선총을 가지고 있는 전사들로부터 도망쳐야 하는 것은 아니지만 당신은 아마도 많은 장애물을 넘어야 했을 것이다. 이것은 매우 귀중한 경험이며, 이것을 실현한 당신은 존경받을 만하다.

영웅의 여정
- 부름 – 거부하다가 받아들임
- 상황이 분명해질 때까지의 혼란
- 도움 모으기 – 멘토를 포함한 '여러 동지'
- 전투 – 절박한 패배, 변화, 승리
- 묘약을 가지고 귀향

---

5. 당신을 변화시켜라: 영웅의 여정

지금은 NLP 기법을 통해 검증된 강력한 은유가 당신에게 도움이 되는 순간이다.

첫째, 앞의 이야기를 당신의 것으로 만들어야 한다. 당신의 요청은 무엇인가? 시장 상황에서 당신이 해결해야 할 고충은 무엇인가? 조치를 취하기 위하여 제거해야 하는 무거운 짐은 무엇인가? 새롭게 시도하는 상황에서 무엇이 혼란을 일으키는가? 누가 당신의 멘토인가? 당신이 맞서야 하는 악마는 무엇인가? 극복하기 위하여 어떤 변화를 해야 하는가? 이야기의 첫 머리에 있는 과거의 고통을 덜기 위하여 당신이 가져오려고 하는 묘약은 무엇인가?

한 명의 멘토와 여러 명의 조력자를 언급한 캠벨과는 달리 나는 '누가 당신의 멘토들인가?'라는 질문은 하였지만, 조력자에 대해서는 아직 언급하지 않았다. 이 과정에서는 조력자의 개념을 무시하고 당신이 필요로 하는 만큼 많은 멘토를 취할 수 있다. 실제 대부분의 사람은 3명 정도의 멘토를 갖는다. 당신이 존경하는 사람을 선택하라. 소설, 역사, 영화, 현실 속의 인물이나 당신이 아는 사람이나 당신이 사랑하는 사람 누구라도 좋다. 이 멘토들은 당신을 위하여 힘, 감정, 재미, 지혜 등 다양한 능력을 줄 수 있어야 한다. 이것은 단지 예를 든 것이고, 무엇이 필요한지는 당신 스스로 알 것이다. 또 당신에게 그것을 확실히 '제공'하여야 한다. 한 번은 내가 잘 아는 아주 박식한 고객에게 3명의 멘토를 선택하라고 하였더니 사르트르, 키에르케고르 그리고 성 아우구스티누스를 선택했다. 그들은 순전히 지적인 수준에 의해 선택되었으므로 실제로는 아주 약간의 '도움'만 줄 수 있다는 것을 알았지만 어쨌든 진행했다. 그리고 역시 이 멘토들은 주목할 만한 어떤 변화도 일으키지 못했다. 그러나 NLP에는 "실패란 없다. 오직 피드백이 있을 뿐이다."라는 말이 있으므로 우리는 이 과정을 다시 해 보았다. 이번에는 자신의 아버지, 넬슨 만델라, 그리고 크게 성공한 사업가 친구를 선택했다. 그는 놀라운 차이가 있었다고 말했다.

다음 과정은 '시간선timeline'이라고 부르는 NLP 기법을 이용하여 그 여정을 머릿속으로 그려 보는 것이다. 적당한 크기의 방을 구하고 그 가운데 서 보자. 집 안의 거실도 좋다. 바닥에 선이 그어져 있다고 상상해 보자. 그다음 선의 한쪽 끝은 과거이고 다른 쪽 끝은 미래로서 시간의 길이를 나타낸다고 상상해 보자.

다음의 사항을 순서대로 시간선 **위**에 배치해 보자.

1 현재present: 당신의 지금. 앞을 바라보는 과정에 대한 것이므로 이것을 선의 시작점 가까이 두어라. 다시 말해서 미래의 시간에 대한 부분을 과거의 시간보다 훨씬 더 길게 잡는 것이 좋다.

2 한계점threshold

3 당신이 대적할 악마demono: 당신의 멘토를 놓을 위치가 필요하므로 한계점과 악마 사이에 간격을 넓게 두어라.

4 묘약elixir: 당신의 목표. 이 여정의 끝에서 당신이 성취해야 할 것이며 부름에 응하고 성공적으로 행동한 것.

그다음 멘토는 시간선상이 아니라 **옆**에 따로 두어라. '옆'은 한 발자국 정도 왼쪽이나 오른쪽에 두는 것을 의미하며, 왼쪽이든 오른쪽이든 상관없다. 바닥에 상상의 선을 긋고 있으므로 이제는 실제로 종이를 그 위치에 놓아 보는 것이 필요하다(NLP 과정에서 마주치는 사람들은 참가자들이 종이 위에 서 있거나 또는 종이를 뚫어지게 쳐다보고 있는 것을 발견할 것이다.).

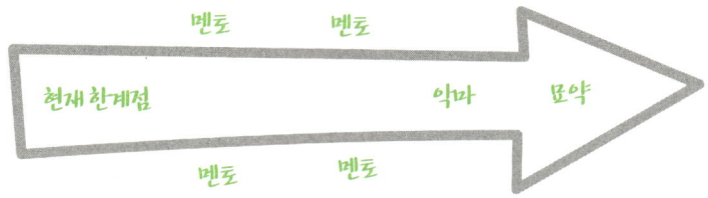

1) 한계점 넘기

한계점에 다가서라. 굴려서 치워야 할 거대한 바위나 당신이 비집고 빠져나가야 하는 좁은 틈새와 같은 물리적 장애물을 만났다고 상상하라. 그리고 실제로 굴리거나 비집고 빠져나가는 행동을 취해 보라. 좀 이상하겠지만 여하튼 해 보라(만일 당신이 '코치' 역할을 하는 친구와 함께 이 과정을 한다면 그 친구에게 더 세게 밀어 보라고 말해 보라. 그는 도움을 주거나 혹은 당신을 물리적으로 밀어내거나 붙잡으면서 그 장애물의 역할을 할 수도 있다. 그때 당신은 이를 지나갈 수 있는 어떤 활동을 해야 한다. 이것은 어디까지나 은유적인 것이지 전혀 격렬한 것이 아님을 기억하자!). 이런 활동을 하면서 실제 상황에서는 무엇이 장애물이 되는가를 생각해 보라. 당신이 새로운 세계로 들어가는 것을 가로막는 것은 무엇인가?

어떤 사람에게는 이상하게 느껴질 수도 있는 이 행동은 (당신의 **무의식적인** 마음이) 당신 자신과 소통하는 것을 돕고자 하는 데 있다. 한계점에 있는 상상 속의 바위를 미는 것은 새로운 비즈니스에 대한 당신의 걱정이 진정으로 무엇인지 의식적으로 알게 해 줄지도 모른다. 항상 그런 것은 아니지만, 어쨌든 이런 것을 알게 되고 이를 통해 우리가 정말로 추구하는 것이 무엇인지를 알 수 있다. 좋은 생각이 떠오르지 않을 때, 때로 우리 몸이 우리에게 필요한 정보를 알려 주기도 한다.

당신은 장애물을 제거하기 위해 멘토와 의논하는 것이 좋을지도 모른다. 영차, 영차.

펑! 당신은 그 벽을 지났고, 혼란스러운 새로운 세상으로 들어왔다.

2) 당신의 멘토 만나기

이제 당신의 첫 번째 멘토가 위치한 반대편의 시간선상으로 걸어가라. 멘토의 위치에 선 다음 아직 시간선상에 있는 상상 속의 '당신'을 향해 돌아서라. 당신에게 언급하는 멘토의 입장이 되라. 멘토처럼 한 번 해 보라. 그들처럼 자세를 취하고 표정도 지어 보라. 그들의 옷을 입고 있는 것처럼 상상해 보라. 그들의 목소리를 들어보라. 그들이 무슨 말을 하는가? 그들이 당신에게 무엇을 제시하는가? 실제로 그들이 당신에게 어떤 선물을 주고 있다고 상상해 보라. 이것은 상상 속의 장벽을 밀고 나가는 과정 속에서, 좋은 의미를 갖고 있지만 표현되지 못한 무의식이 당신과 소통하게 하는 방법이다. 해 보라. 드러나는 것을 보면 놀랄 것이다.

멘토가 조언하고 나면 시간선상으로 돌아와서 다시 '당신'으로 돌아가라. 멘토를 바라보고 그들이 얘기한 것 혹은 그들이 준 선물을 받아들여라. 원한다면 그들과 토론해도 좋지만 멘토로서 발언할 때는 '그의 위치에 서고', 당신의 모습으로서 이야기할 때는 당신의 자리로 돌아오는 것을 잊지 마라.

다음에는 그다음 멘토의 위치와 반대편의 시간선상으로 옮겨 가자.

이러한 과정을 반복하자.

3) 묘약 청하기

이 시점에서의 과정은 당신이 일어나서 악마와 싸우게 되는 캠벨의 이야기와는 더욱 벗어나게 된다. 마치 이미 싸움에서 이긴 것처럼 악마를 지나쳐 묘약이 있는 위치로 가라. 당신은 승리했다!

시간선을 내려다보기 위하여 돌아서라. 그 장벽을 넘어 서기 위하여, 혹은 악마와 싸우기 위하여 당신이 더 갖추어야 하는 것이 있는지 스스로에게 질문하라.

(A) 만일 대답이 '**아니요**…….'라면, 아직도 장벽을 넘기 위해 기다리고 있는 본연의 자신에게 당신이 여정 중에 받은 모든 선물(멘토의 충고와 그 외의 사람들에게서 받은 도움들)을 준다고 상상해 보라. 마치 그렇게 하는 것처럼 제스처를 취해 보라.

(B) 만일 대답이 '**네**, 아직도 나는 X가 필요하다.'이고, 당신이 필요한 것이 물질적인 것(10,000 파운드)이라면, 이 순간 당신이 마치 그것을 소유하고 있다고 상상하라.

만일 당신에게 필요한 것이 개인적인 특성이라면 당신에게 그 특성을 채워 줄 수 있는 멘토를 상상하고 '당신의 멘토 만나기' 부분으로 돌아가 새로운 멘토를 만나라. 그런 다음 다시 악마를 지나 당신이 아직도 더 갖추어야 할 것이 있는지 스스로에게 자문하라. '아니요.'라면 (A)로 가라. '네'라면 다시 (B)로 가라.

이제는 '마술적인 힘'을 가지고 있는 시간선상이 아닌 그 옆으로 당신의 멘토를 밟지 않은 채 원래의 시작점으로 걸어가라. 시간선을 바라보고 묘약의 위치에서 당신이 (A)에서 자신에게 선사한 선물들을 다시 받아들여라.

4) 종결

이제 이 선물들을 가지고 시간선상을 따라 나아가 그 장벽을 뚫고 지나가라. '혹시 원한다면' 멈추어서 각각의 멘토에게 감사를 표하라. 악마와 마주친다 하더라도 아마 싸울 필요가 없을 것이다. 오히려 어떤 변화가 있는지 살펴보라. 내가 이 과정을 인도한 대부분의 사람은 악마가 현저하게 바뀐 것을 깨닫는다. 원래의 모습에 비하면 그저 그림자에 불과하다는 것을 알게 된다. 아마도 별 생각 없이 밟고 지나갈 수 있는 껍데기나 잔해 정도일 것이다. 심지어는 당신에게 도움이 될 만한 어떤 것을 제시할지도 모른다. 이제는 그 선상에서 악마를 들어내어 멘토와 같은 '위치'에 놓아라. 그리고 그 위치에 멈추어 서서 악마의 관점에서 당신에게 조언하라. 이전에 비즈니스 파트너가 악마였던 여성 고객과 이 과정을 한 적이 있다. 앞서 언급한 과정에 다다랐을 때 그녀는 자신의 파트너가 진정으로 그녀가 잘 되기를 바라고 있었음을 인식하게 되었다. 나중에 그녀는 이 점이 과정 중에서 가장 유익한 결과였다고 말했다.

묘약으로 다시 걸어가서 당신이 가지고 있는 모든 선물을 자신에게 상기시키면서 그곳에 잠시 멈춰라.

마지막으로, 시작점으로 걸어가라(선 밖의). 그리고 다시 천천히 묘약이 있는 선 위로 걸어가라. 잠시 멈추고 다시 처음의 시작점으로 돌아가라. 다시 천천히 선 위를 걸어가라. 그 과정이 당신에게 줄 수 있는 모든 이익이 전달되었다고 느끼고 만족할 때까지 수차례 반복하라.

그렇다. NLP (혹은 상담에) 익숙하지 않은 사람은 '시간선상'을 왔다 갔다 하거나 넬슨 만델라나 다른 누구인 것처럼 행동하는 것이 이상하게 느껴질지도 모른다. 그러나 나는 이 과정을 산전수전을 다 겪은 사람들, 근엄한 사람들, 다양한 직업의 사람들과도 해 보았으며, 언제나 태도와 인식에 많은 변화가 있었다. 실제로는 산전수전 다 겪은 사람들이나 근엄한 사람들에게 더 효과적이었다. 그런 사람들은 자신의 무의식과 소통하는 것을 어려워하지만 그렇다고 해서 이들의 무의식이 자신과 소통하려고 애쓰지 않는 것은 아니므로 이 과정을 통해 그러한 기회를 제공받는다.

　예를 들면, 비즈니스를 시작한 지 얼마 안 된 사업가 키스Keith는 자신의 비즈니스가 관련 분야에서 선두주자가 되기를 원했다. 그의 악마는 새 비즈니스를 구축하는 것에 대한 두려움이었다. 그는 성공적인 사업가 친구 두 명과 탐험가 윌프레드 테시거Wilfred Thesiger 경까지 3명의 멘토를 선택했다. 그는 두 명의 사업가들에게서 자신감과 결단력을 얻었으며, 윌프레드 테시거 경에게서는 '불가능'해 보이는 것도 성취할 수 있다는 신념을 얻었다. 키스는 멘토들에게 조언을 '들을' 때마다 정말로 마음 상태가 변하는 것을 느꼈고, 그가 악마를 지나쳐 걸었을 때에는 이미 악마를 물리쳤다는 것을 깨닫게 되었다. 또한 실제로는 악마가 그를 보호하려고 애쓴다는 것을 알게 되었고, 그로부터 타인에 대한 배려의 속성을 터득하게 되어 그의 새로운 비즈니스는 '판매'라기보다 고객이 필요로 하는 것을 공급하는 것으로 개념이 바뀌게 되었다.

　일반적으로 상담을 알고 있는 사람들은 프리츠 펄스Fritz Perls의 '게슈탈트Gestalt' 상담기법 중 특히 '빈 의자empty chair' 기법의 영향력을 강하게 느낄 것이다.

시작하기

- **되도록 빨리 비즈니스를 시작하라**
  - 5분 사업계획
  - 판매에 긍정적인 태도를 갖추라.

- **사업가의 길을 터득하라**
  - 사업을 해 보는 것이 가장 좋은 스승이다.

- **상담 집단 형성하기**
  - 혼자 할 수도 있으나, 혼자 해야만 하는 것은 아니다.
  - 멘토
  - 조언들
  - 전문적인 조언자들

- **개념: 영웅의 여정은……**
  - ……당신의 여정이다.

확고한 기반

02

Think Like an Entrepreneur:
Your Psychological Toolkit for Success

02

확고한 기반

●

Think Like an Entrepreneur:
Your Psychological Toolkit for Success

당신은 사업을 하고 있는가, 아니면 좋은 아이디어를 가졌을 뿐인가? 사업 초창기에 이것은 쉽지 않은 질문이다. 몇몇의 고객이 당신의 제품을 좋아하고 구매할지도 모르지만 비즈니스를 더 크게 확장하고 폭넓은 고객 집단을 형성할 수 있는가? 이익이 창출되고 지속적으로 이어갈 수 있는가?

이 장에서는 이러한 한계점은 이미 넘었다고 가정하고 이 단계에서 일어나는 중요한 문제에 대해 살펴보고자 한다. 성공적인 비즈니스를 위해서는 많은 기술이 필요하다. 어떠한 사람도 이 모든 것을 '저절로' 갖추고 있는 것은 아니다. 어떤 부분은 배워야만 한다. 이를 위해 나는 이것을 네 개의 '능력 세트'로 구분하여 설명하려고 한다. 자원들 또한 모아져야 한다. 당신에게 필요한 가장 중요한 것들을 찾아보았다. 중요한 '사업가 칩'을 개발하기 위해 이 장의 '개념'

부분에서는 비즈니스 중 이러한 순간에 유용한 NLP 도구를 소개할 것이며, '당신을 변화시켜라' 절에서는 네 개의 능력 세트와 NLP 도구 중 하나에 기초한 연습에 대해 소개할 것이다.

'이것이 정말 사업이구나!'를 알게 되는 순간은 대단한 것이다. 또한 따뜻한 온실에서 쫓겨나는 순간이기도 하다. 이제부터 갈 길은 험난하다. 비즈니스에 더 많은 시간을 쏟게 될 것이다. 당신이 모르는 사람들에게도 판매를 해야 한다. 이런 문제가 없는 비즈니스도 있겠지만 대부분의 경우에서는 피할 수 없다. 무엇보다도 가장 큰 어려움은 사업을 사업답게 운영해야 한다는 것이다.

처음 시작할 때에는 당신이 할 수 있는 한 최선을 다하겠지만, 그 이면에는 수많은 임기응변이 필요할 것이다. 많은 사업가가 여기에서 재미를 느끼기도 하지만 슬프게도 이것은 멈추어야만 한다. 모든 것은 점점 더 체계적으로 움직여야 하기 때문이다. 이것은 본격적으로 사업에 착수하여 당신이 싫어하는 일도 해야만 한다는 것을 뜻한다('내가 내 사업을 하는데 싫은 일은 안 해도 돼!'라고 생각한다면 결코 행운은 따르지 않을 것이다.). 이것은 반복적으로 해야하는 업무나 당신이 잘하지 못하는 업무를 의미한다. 때로는 이 두 가지를 합친 일들이다!

먼저, 반복적인 일들……. 요즈음에는 사업을 시작한다는 것이 어떠한 모험인지에 대한 많은 자료가 있다. 이것은 모두 당신의 재능, 재력, 창의력에 대한 것이다. 전 세계를 항해하거나, 사랑에 빠지거나 혹은 에베레스트 산을 등정하는 것은 모두 잊어라. 비즈니스는 21세기의 낭만적인 도전이다! 동의한다. 그러나 동시에 사업이라는 우주선에 승선하는 사람들은 그 모험이 단순하고, 반복적이며, 전혀 낭만적이지 않은 일이 대부분이라는 것도 알아야 한다.

나는 판매를 위하여 전화를 하거나 상품 발송의 송장에 관한 편지나 이메일을 보내는 것 같은 기본적인 관리에 대해 이야기하려고 한다. 고객이 대금을 지불하지 않으면 송장을 추적하고, 그래도 지불하지 않으면 고객을 또 추적하고……. 등기소와 국세청은 여러 가지 서류를 요구할 것이다. 컴퓨터가 고장날 수도 있다. 당신 스스로 수리할 수 없으면 서비스를 요청해야 한다. 사업을 시작한 사람들은 이미 알고 있을 그 외의 일들도 많다.

학교를 갓 졸업했거나 아무런 경험 없이 사업을 시작하는 사람들은 이와 같이 자잘한 일들이 얼마나 많은지 모른다(사업 경험을 위해 6개월 정도는 사무실 근무를 해 보기를 권한다.). 자문 회사에서 많은 경력을 쌓은 유능한 사람들은 이러한 사실에 대해 잘 알겠지만, 다른 사람들은 보통 아랫사람들이 이러한 일들을 했기 때문에 곧잘 잊어버리곤 한다(편지지에 회사 이름을 인쇄하기 위하여 인쇄소에 가면 보통 1시간 30분 정도 걸린다. 자문회사 출신 사업가는 "나는 시간당 125파운드 가치가 있는데!"라고 투덜거릴 것이다. 축하한다! 당신은 방금 보통 사람의 세계로 돌아왔다.).

물론 시간이 지나고 비즈니스가 번창함에 따라 당신은 구매와 그 외의 일에 대한 대행사를 선정할 수 있게 될 것이다. 하지만 아직까지는 사치다. 사업가로서 내가 느끼는 자긍심의 일부는 견고하고 신뢰할 만한 태도를 가지고 이런 따분한 일을 스스로 확실하게 할 수 있다는 것에서 비롯된다.

사업가 정신이 낭만적이지 않다는 데에는 다른 이유도 있다. 많은 사업가는 사업을 일으킬 수 있는 많은 기술을 가지고 있다. 이것은 그들이 좋아하는 일이며 또 잘하고 싶어 하는 일이다. 그러나 아무리 '능란한' 기술이 있다고 하더라도 필수적인 사업 기술이 뒷받침해 주지 않으면 사업으로 발전할 수 없다. 좀 식상한 비유지만, 비즈니스는 당신이 일일이 점검해야 하는 상자로 구성된 틀이라고 볼 수 있다. 그 상자들을 점검하는 당신의 기술이 매우 뛰어나다 할지라도 점검하지 않는다면 당신의 비즈니스는 아마 성공하지 못할 것이다.

사업에 관한 책 중 내가 가장 좋아하는 『The Beermat Entrepreneur』는 당신을 위해 이 상자들을 점검해 줄 만한, 그리고 사업의 '초석'이 되는 사업 기술의 전문가들을 구성하는 방법에 대해 서술하고 있다. 이것은 당신이 나중에 해야 하는 일이다. 그렇다고 이 사람들을 무작정 고용할 수는 없다. 사실 초기에는 당신이 직접 일하는 것이 가장 좋다. 사람들을 고용하기 시작하면 그들에게 일거리를 배정하고 당신에게 보고하도록 해야 한다. 그 일에 대해 스스로 파악하지 못한다면 정확한 업무를 지시할 수 없으며 어떻게 진행되는지도 알기 어렵다. 다른 사람들에게 일을 맡기고 관리하기 위해서는 당신이 먼저 어떻게 해야 하는지를 알아야 한다.

작은 기업은 공동으로 움직이는 것이 아니며 본질적으로는 원맨쇼에 가깝다. 당신에게 모든 책임이 있으며, 특히 초기에는 사업의 모든 면에서 일어나는 무슨 일이든 스스로 해야 하고, 그다음에 관리해야 한다는 뜻이다. 나는 어떤 사업가가 "재무에 대해서는 트리샤Tricia가 아주 유능하기 때문에 모든 것을 맡깁니다."라고 말할 땐 매우 걱정스럽다. 미국 대통령이었던 해리 트루먼Harry S. Truman은 '모든 책임은 나에게 있다.'는 문구를 자신의 책상에 붙여 놓았다.

1. 네 가지 능력

그렇다면 사업가는 어떤 능력을 갖추어야 할까? 이 질문에 대한 대답은 누구에게나 '부담'이 될 것이다. 이러한 능력을 분류하는 방법에는 여러 가지가 있지만 여기에서는 네 개의 세트로 분류하고자 한다. 다음 장에서 소개할 모형에 어울리도록 나는 이것을 '기술 세트'라기보다는 '능력 세트'라고 하겠다.

모든 기술을 갖추고 사업을 시작하는 사람은 거의 없다. 사업을 시작하는 사람들은 대부분 어떤 면에서는 아주 우수하지만 또 어떤 면에서는 형편없으며, 나머지 부분에서는 그럭저럭 보통 수준을 유지한다. 이에 부족한 점을 보완하기 위해서는 관련된 부분에 대해 되도록 많은 책을 읽고, 전문가를 찾아 질문하고, 관련 과목을 공부하고, 튜터에게 배우고, 시행착오를 겪으며 '공백'을 메우는 것이 좋다. 슬프게도 가장 보편적인 반응은 '상관없어.' 혹은 '괜찮을 거야.'라고 생각하며 공백을 무시하는 것이다. 이런 반응은 실패할 확률을 높인다.

능력을 키우기 위해 인간성을 바꿀 필요는 없다. 이러한 능력은 터득할 수 있으며, 사업하는 사람들의 나이에 상관없이 일정하게 터득한다.

1) 능력 세트 1: 리더십

이것은 여러 가지 기법을 망라한다. **사람들에게 동기를 부여하고 관리하는** 능력은 가장 중요한 부분이며, 특히 스스로에게 동기를 부여하고 관리하는 것은 더욱 그렇다. 사업가들은 자발적으로 계획을 실행하고 성취하는 사람들이다. 새로운 영역을 개척하는 능력은 또 다른 이야기다. 이것은 감수성이나 순발력처럼 엄청난 기술적 **혁신**을 말하는 것은 아니다. 사업가들은 창의적이며 신속하게 일을 처리한다. **전략을 세우고 결정을 내리는** 기술 또한 필요하며, 지금은 이것에 대해 이야기하려고 한다.

'전략'이란 당신이 지향하는 것에 대한 비전을 개발할 수 있는 능력을 의미하는데, 그 이면에는 어떻게 지향점에 도달할 것인지 당신이 성공할 자격이 있는지에 대한 것이 포함되어 있다.

그 비전은 '○년 후의 사업목표'다(○는 5년이 적합하지만, 다른 숫자도 고려해 볼 필요가 있다.). 방법과 근거에 대한 전략은 당신의 사업 모델에 대한 것이다. 두 가지 중요한 질문이 제시된다.

1 고객에게 어떠한 가치를 제공할 것인가?
2 내가 한 일을 가지고 어떻게 돈을 벌 것인가?

첫 번째는 **마케팅** 전략에 관한 질문이다. 대답은 고객들로 하여금 다른 사람이 아닌 당신을 찾게 하는 특별한 이유, 즉 당신의 '독특한 셀링 포인트Unique Selling Point'다. 두 번째는 당신의 '사업 모델'에 대한 것이다. 이것은 재무와 관련된 것이지만 특정한 사업의 기획에 대한 질문이며 단순히 재무 담당자에 대한 것만은 아니다.

어떤 사람들은 이러한 질문에 창의적이고 효율적으로 대답하지만, 또 다른 사람들은 공부와 연습을 통해 대답을 얻기도 한다. 시장을 보며 '어떻게 해야 다른 사람들과 차별화될 수 있을까?'를 생각하라. 다른 사업을 살펴보고 어디서 돈을 버는지 생각하라. 답이 항상 분명한 것만은 아니다.

당신이 개발하는 '사업 구상'은 새로운 제품이나 새로운 사업을 계획할 때뿐 아니라 현재 운영하고 있는 사업에서 일어나는 수많은 문제를 해결해 나가는 도중에도 반복적으로 발생할 것이다.

의사결정은 당신의 '사업가 칩'을 개발하는 것과 많은 관련이 있다. 나는 결단력이 부족한 사람이라 하더라도 누구든지 이러한 칩을 개발할 수 있다고 믿는다.

2) 능력 세트 2: 관리와 운영

이것은 '성취하는' 능력에 관한 이야기다. 여기서 **관리**란 임금 지급과 같은 기본적인 일반 사무를 의미한다. 또한 하나의 과제를 어떻게 여러 개의 작업으로 세분화할지, 이렇게 세분화된 작업들을 어떤 순서로 해야 할지(때로는 순서에 따라, 때로는 동시에), 각 작업을 시작하기 전에 충분한 자원이 있는지, 작업의 종료는 어떻게 확인할지와 같은 기본적인 것을 의미하기도 한다.

운영은 반복적이고, 안정적으로 이윤을 내며 제품 또는 서비스를 생산하고 전달하기 위하여 당신이 해야만 하는 것을 포함한다. 이것은 '전달'에 관한 것이기도 하지만 그 전달을 관리하는 것을 포함하기도 한다.

나는 사업에서 운영이 가장 중요한 것이라고 믿는다. 아무리 좋은 아이디어가 있더라도 실현하지 못한다면 그 비즈니스는 실패할 것이다. 낭만적으로 표현하지 못해 미안하지만, 대부분의 비즈니스는 '소시지 기계'를 소유하고 운영하는 것과 같다.

그러나 사실 말처럼 사업이 비창조적이라는 소리는 아니다. 회사라는 커다란 조직 안에서 사람들의 업무는 단순히 커다란 기계의 아주 작은 부분을 맡는 것이다. 그래도 당신은 설계하고 생산하고 또 지속적으로 그 기계를 개선해야 한다. 이런 일들은 모두 창조적인 활동이다.

성공적인 기업들은 소위 내가 '운영의 비전'이라고 부르는 것을 개발한다. 이것은 그들의 제품과 또 그 제품이 팔리는 시장을 어떻게 변화시키는지에 관한 거대하고 전반적인 비전이 아니라, 오히려 그들의 비즈니스가 실제로 어떻게 돌아가는지에 대한 낮은 수준의 비전이다. 그것은 일이 적절한 시간에 효율적으로 진행되도록 체계와 과정을 기획하고 이행하고 또 개선하는 것이다. 이것은 도전해 볼 만한 일이다. 마치 단거리 경주가 아니라 마라톤처럼 오래 걸리는 일이고, 시행착오를 거치면서 배워 나가야 하는 일이므로 많은 시간을 필요로 한다. 내 생각으로는 사업의 첫 도전에서 실패를 겪은 뒤에 조금씩 잘 되기 시작하여 부족한 부분을 연마하고 개선하여 제대로 굴러가도록 하기까지는 약 2년 정도 걸린다고 본다.

실행을 통해 배우는 것은 쉽지 않다. 사업가는 '비행기를 제작하면서 동시에 운전기술을 배운다.'고 나의 코치가 이야기했다. 개인적으로 나는 자격증이 있는 비행사가 운행하는 완성된 비행기를 타고 싶지만 사업가에게 그것은 사치다. 도전을 즐기고 성취감을 느껴라.

자신을 드러내지 않는 일본인들은 조용히 운영의 기술을 터득하여 1970년대와 1980년대에 세계의 비즈니스를 정복했다. 그들은 지속적인 향상을 의미하는 **개선**Kaizen주의를 지키면서 자신들만의 방식으로 작업하였다.

(성공적인 운영의 핵심인) 시간 관리와 (성공적인 운영 전략의 핵심인) 시스템 사고에 대해서는 나중에 좀 더 이야기할 것이다.

마지막으로 기술 분야와 같은 특정 사업의 운영에는 **기술적 전문가**가 있어야 한다. 하지만 대부분의 사업에서는 그렇지 않다. 내가 아는 대부분의 사업가는 어떠한 기술 분야에서도 전문가가 아니며 그저 언제 적합한 기술자를 고용해야 하는지를 잘 아는 치밀한 사업가일 뿐이다. 만일 당신이 어떤 기술 분야의 전문성을 갖추고 있다면 아주 좋겠지만, 그래도 당신은 고객, 자금, 공급자들, 작업 방법 그리고 구성원 등을 갖추는 사업을 꾸려야 한다.

3) 능력 세트 3: 재무와 법무

이것은 핵심적인 방어 능력들이다. 여기서 **재무**라고 하는 것은 자금을 형성하는 것뿐만 아니라 돈에 관한 모든 것을 의미한다. 내가 코치하는 많은 사람이 심각할 정도로 잘 모르는 주제다. 그들은 이 분야에 대해서 스스로를 문외한으로 여기고 체념해 버린다. 이러한 현상은 흔히 아이였을 때 잔소리하는 선생님이나 혹은 화내는 부모에게 수학을 배우면서 받은 마음의 상처에서 온다. 이와 같은 생각은 성인 사업가로서 비합리적이며, 또한 잘못된 생각이다. 기초적인 재무를 위해서 수학을 잘해야 하는 것은 아니다. 컴퓨터의 엑셀 프로그램에 숫자를 기입할 수 있는가? 그것으로 족하다. 현금 교환채권 파생품을 가지고 10년 할인된 현금의 흐름을 작성하는 것은 어려울지도 모른다. 사실 나도 할 줄 모른다. 초보적인 재무는 기존 자료들이 무엇인지 문헌적인 검토를 하는 것이다.

앨런 슈거Alan sugar는 다음과 같은 재미있는 이야기를 하였다. "내가 일 년에 100만 파운드를 벌기까지는 PE라는 단어가 체육관에서 하는 운동Physical Education인 줄 알았다."[재무에 익숙하지 않은 사람들을 고려하여 얘기하자면, PE는 주식의 가치를 평가하는 방법인 price/earning(주가/이익)비율이다.]

당신은 복식부기, 단순한 손익계산서, 재무제표, 현금 흐름 관리와 같은 기초적인 '자금 관리' 기술에 대해 알아둘 필요가 있다.

당신은 사업에 관한 재무 상태에 대해 기본적인 감각을 익혀야 한다. 원가의 주요 구성 요인은 무엇이며, 한 달에 얼마나 부담을 주는가? 원가에 도달하기 위해 혹은 일정 수준의 이익을 실현하기 위해 얼마의 매출이 발생하여야 하는가?

또한 활용되지 않는 주변의 자산에 대해 끊임없이 생각하는 습관을 길러라. 그것은 당신의 돈을 낭비하는 것들이다. 까다로운 성향을 개발하라. 대기업에서는 경리 담당자들이 직원들에게 x, y 그리고 z 등에 돈을 써서는 안 된다고 잔소리를 하지만 이제는 당신이 그 일을 해야 한다. 무엇보다도 항상 현금에 대해 생각하라. 이익보다도 현금이 더 중요하다.

물론 자본을 유치하는 것은 매우 중요한 일이다. 이 장의 뒷부분에서는 이것에 대해 자세히 논의하겠다.

재무에 관한 좋은 소식 중 하나는 기본적인 기능을 배우기 쉽다는 것이다. 이에 대한 많은 강좌가 있다. 크리스Chris는 사업가들을 위해 『Finance on a Beermat』이라는 책을 공동 집필했으며, 이 책에는 당신이 알아야 하는 모든 것에 대해 설명하고 있다(비록 나보다도 더 빨리 '기초'를 갖추도록 강요하지만 말이다.).

나는 **법률**에 관한 사항도 재무와 마찬가지로 당신이 위험을 감수해야 하는 중요한 규칙에 관한 분야이므로 중요한 비중을 둔다. 대부분의 사업에서 재무는 항상 존재하는 이슈지만 (바라건대) 법률에 관한 문제는 이따금 발생한다. 그러나 일단 발생하면 무척 중요하다. 당신은 기본적인 회사법에 관하여, 특히 당신의 사업과 관련된 법률에 대해 알고 있어야 한다. 그러므로 당신의 분야에 관한 법률을 잘 알고 있는 변호사를 고용하라.

4) 능력 세트 4: 영업, '친구들' 만들기와 마케팅

가이 가와사키Guy Kawasaki는 말했다.

> '나는 생각한다. 그러므로 나는 존재한다.'라는 격언은 잊어라. 사업가에게 중요한 문구는 '나는 최선을 다한다. 그러므로 나는 존재한다.'이다. 최선을 다하는 것은 자금을 모을 때만 필요한 것이 아니라 어느 분야에서든 합의에 도달하는 데 필수적인 도구다. 제품이나 서비스를 개발하는 관리적인 결정을 내릴 때나 영업을 마무리할 때나 파트너를 구하거나 직원을 고용할 때 또는 투자를 유치할 때 등.

영업의 역할은 흔히 독특하고 매력적인 것과 관련이 있는데, 영업직에 종사하는 많은 사람은 이런 고정관념에 사로잡혀 있는 것처럼 보인다. 사업가들은 이런 점에 현혹되어 언변이 좋거나 포르쉐를 몰고 다니는 사람들을 영업 사원으로 고용해야 한다고 생각한다. 하지만 대부분의 영업 업무는 고객 리스트를 작성하고 검토하고 고객을 방문하는 과정들이다. 이 일의 관건은 방법을 찾아 적용해 보는 것이며, 다시 말해서 정말 지루한 일이다.

카리스마가 없는 사람이 가장 성공적인 영업 사원인 경우도 많다. 그들은 조용한 사람들이지만 의지가 강하고 바른 과정을 따라간다.

그들은 신뢰감을 형성한다. 그들은 경청한다. 그리고 고객에게 그들의 제품이나 서비스가 필요한 이유를 명확하게 설명한다.

거절을 다루는 심리적 기술을 기초로 고객의 이의를 처리하고 마무리하는 특정한 영업 기술은 배워야 한다. 하지만 이러한 점은 학습으로 가능한 것이며, 사업가들이 숙달해야 하는 많은 도구 중 하나다. 재무에 관한 많은 책과 강의가 있음을 기억하자.

영업 기술은 **사업을 위하여 많은 친구를 만드는** 것과 같이 좀 더 일반적인 과제로 변환될 수 있다. 사람들은 흔히 사업의 핵심을 배송 작업과 고객이라고 생각한다. 어느 정도는 맞는 말이지만 실상은 한층 더 복잡하다. 비즈니스는 커다란 인간관계를 필요로 한다. 예를 들어, 당신의 멘토는 당신이 가진 인간관계 영역의 폭을 넓히도록 조언하고 도움을 줄 것이다.

현명한 사업가는 공급처와 좋은 관계를 형성한다. 아마도 이 점은 개개인의 고객보다도 더 중요할 것이다. 한 고객을 놓치면 다른 고객을 찾을 수 있다. 하지만 공급처가 끊긴다면 당신은 큰 어려움을 겪게 될 것이다. 이로 인해 사업에 실패하는 것을 본 적이 있다. 공급처로부터 좋은 조건을 받게 되면 크게 성장할 수도 있다. 출판가인 펠릭스 데니스Felix Dennis는 이와 같은 계기를 시작으로 자신의 사업을 성공적으로 이끌었다. 한 인쇄소가 소매업자들의 보증을 담보로 선금 없이 그의 잡지를 인쇄해 주기로 했기 때문이다. 많은 잡지를 출판하고 수백만 파운드를 번 후에도 데니스는 여전히 같은 인쇄소를 이용하고 있다.

이와 같은 '친구 만들기' 기술은 무척 중요하다. 어떤 사람들은 이러한 기술을 자연스럽게 갖추고 있다. 하지만 그렇지 않은 사람들을 위해서도 설득력을 갖추기 위한 강좌들이 있다. 거의 100년이 지난 지금도 데일 카네기Dale Carnegie 강좌가 운영되고 있다(좋은 점이 있기 때문일 것이다.). 그리고 물론 NLP를 공부해도 된다.

나는 이런 기법들의 많은 부분을 어머니에게서 배웠다. 어머니는 어떤 상황에서든 자신의 노력으로 사람들을 사귈 줄 아는 큰 역량을 가진 매력적인 사람이었다. 나는 뮤지컬 〈에비타〉를 관람할 때 앞 좌석의 표를 구하기 위해 매표소 직원을 설득하는 어머니를 기억한다. 어머니는 매표소 직원에게 앞 좌석 표가 왜 중요한지를 장황하게 설명했다. 가까운 친척의 25주년 결혼 기념 선물이며, 그 친척은 시골에 살기 때문에 이런 공연을 볼 기회가 거의 없다는 등의 말이다. 어머니가 어찌나 잘 설득하였는지 그 판매원이 감동하여 여러 곳을 확인한 다음 앞 좌석 표를 구해 주었다.

내가 정의하는 **마케팅**은 대부분의 초기 사업 단계에 어울리지 않는 값비싼 시장조사 프로그램이나 매출 증대를 위한 캠페인 또는 '대대적인 광고' 등을 말하는 것이 아니다. 내가 의미하는 것은 시장에 대한 지식을 습득하는 것이다.

성공적인 사업가는 관련 시장을 자신의 손바닥처럼 잘 이해하고 있다. 일이 어떻게 돌아가는지, 무엇이 어떻게 변화하는지, 어떤 고객이 어떤 제품을 구매하는지, 누가 '영향을 미치고 영향을 받는지' 등 이 지식은 단순히 시장의 규모나 성장률보다 더 많은 것을 포함한다. 사업가들은 그들의 분야에 대해 파악하기 위하여 끊임없이 관찰한다. 교육 사업을 하는 내 친구는 이것을 10대들의 패션에 비유한다. 그들은 끊임없이 정보를 추구한다. 눈과 귀를 항상 열어 두고, 실수를 통해 배운다. 일반적인 개념의 '시장'이 아니라 진정으로 당신의 사업을 이해하고, 당신의 사업을 구조적으로 파악하기 위해서는 2년 정도의 시간이 필요하다고 생각한다.

시장에 대한 지식이 별로 없는 분야에 뛰어드는 것은 좋지 않은 결과를 초래할 것이다. 모든 기술을 갖추고 있었지만 깊은 이해가 없는 분야의 사업에 뛰어들었다가 백만 파운드를 잃은 사업가를 알고 있다(물론 리차드 브랜슨과 같이 여러 분야에 뛰어들어 시장을 뒤흔들어 놓는 사업가들도 있다. 그러나 그들은 수많은 조언자들과 자금력이 있는 사람들이다.).

그렇다고 '아는 분야에만 매달리라.'는 것은 아니다. '성공하기 위해서는 시장의 전문가가 되어야 한다.'는 것이다. 지금 아는 것이 없다면 우선 배우는 것부터 시작하라. 아마 이런 종류의 지식을 위한 강좌는 없을 것이다. 예를 들면, 당신이 만약 대학에서 디자인과 같은 기술에 대한 공부를 하고 있다면 비즈니스에 관련된 과목도 있을 것이다. 이런 과목을 택하라! 그렇지 않으면 당신은 '뛰면서' 배워야 할 것이다. 빨리 배워라.

내가 거듭 말한 것처럼 사업가는 앞서 언급한 모든 면에서 평균 이상의 능력을 갖추어야 한다. 앞서 이야기한 것 중 어느 하나라도 간과한다면 난관에 부딪힐 것이다. 사업가들은 종종 한 항목에서는 우수하고, 다른 하나는 그저 그렇고, 또 다른 항목은 걱정스러운 수준이지만 노력하고 있으며, 나머지 한 항목에 대해서는 간과하곤 하는데, 바로 이 항목이 '낭패를 일으키는' 요소가 되곤 한다.

2. 다른 자원 모으기

이제 비즈니스가 어느 단계에 이르게 되면 다른 자원도 필요하게 된다. 이 중 첫째는 자금이다.

1) 자금

자금을 모으는 것은 재무적인 감각과 노련한 결정의 복합체다. 자금을 대는 사람들이 어떤 숫자를 보기 원하는지를 알아내고 그 양식에 맞게 제출하라. 과거에 나는 백지를 가지고 은행에 가서 '무엇을 알기 원하는지'를 질문한 후 내 기억 속에 관련된 정보를 제공하고 융자를 받은 적이 있다.

물론 사업 자금은 현금 흐름에서 조달되는 것이 최선이다. 이것은 현금 조달이 충분하여 다른 외부에서의 자금 조달이 불필요한 경우를 말한다. 오늘도 내일도 현금을 모아라. 만일 이것이 가능하지 않다면, 현금이 되는 계약을 맺어라. 그런 다음 사업을 시작하라. 어떤 방법도 좋다. 싸게 구입하여 다른 사람에게 비싸게 팔아라(이런 일에서 당신의 재능을 발견하게 될 수도 있으며, 이것이 당신의 궁극적인 비즈니스가 될 수도 있다.).

어느 시점에 도달하면 은행에서 자금을 빌려야 할 때가 올 것이다. 당신에게 적합한 은행을 찾는 것이 어려울 수도 있다. 다른 중요한 결정과 마찬가지로, 먼저 되도록이면 많은 정보를 모아라. 이 정보는 제품에 대한 것이 아니라 사람에 관한 것이다. 대부분의 은행이 제공하는 상품은 실망스럽게도 거의 차이가 없다. 차이를 만드는 것은 개개인의 은행 관리자다. 사업하는 주변 사람들에게 누구를 좋아하고 존경하는지 물어보라(만일 확실한 대상자가 나타나면 소개해 달라고 부탁하라. 또는 그렇게 하지 않더라도 당신이 전화하면 은행은 당신과 거래하기를 원할 것이다.). 다른 은행의 사람들도 만나 보라. 누가 가장 마음에 드는가? 여기서 가장 중요한 것은 서로 맞는 사람 간의 궁합이다.

당신의 마음에 드는 은행 직원을 찾았는데 그 직원이 갑자기 다른 곳으로 옮길 수도 있다. 가능하다면 그가 옮긴 곳으로 따라가라. 따라갈 수 없으며, 그 일을 인계받은 새 직원도 마음에 들지 않는다면 앞의 모든 과정을 새로 시작하라. 은행은 당신에게 담당직원을 선택할 권한을 주지 않으므로 당신이 은행을 선택하여야 한다. 내가 아는 몇몇 사업가들은 마음에 들고 신뢰할 만한 담당 직원이 갑자기 바뀌는 경우를 대비하여 두 개의 은행과 거래한다.

나는 엔젤 투자자*를 이용한 적이 없다. 부동산업은 분야의 특성상 대출받기가 유리하다. 융자를 위한 좋은 자산이 있기 때문이다(자산은 별로 없지만 현금 흐름이 좋은). 다른 사업들은 현금 자급력이 좋아서 가끔씩 은행의 도움을 받는 것만으로도 충분하다. 사업에 따라 상황이 다를 수 있다는 것을 알지만 투자자와의 관계가 악화되는 것을 흔히 보았으므로 이것은 가능하면 피하라고 권하고 싶다.

전형적인 두 가지 시나리오는 다음과 같다.

1 당신에게 호감을 가진 사람이 투자를 하고, 사업이 잘 안 되고, 비난이 쏟아지기 시작하며, 돈과 우정 그리고 사업까지 모두 사라진다.

---

* 역자 주: 창업 초기에 투자하는 개인 투자자들

2 투자자는 무자비하며, 사업이 잘 안 되고, 그들이 참견하기 시작하고, 당신은 더 이상 당신의 뜻대로 사업을 할 수가 없다.

이 두 가지 형태는 흔히 일어나는데, 모두 바람직하지 않은 일이다. 사업의 아주 작은 권리라도 타인에게 양도하는 순간 그에 대한 의무가 있으므로 당신의 권한과 자율권은 크게 저하된다는 것을 깊이 명심해야 한다.

만일 투자자를 받아들여야만 한다면 소요되는 자금을 현실적으로 잘 산출하라. 너무 낮게 책정하면 추가 투자를 요청해야 하며, 따라서 당신의 사업권을 더 양보해야 한다. 너무 높게 책정하면 신뢰를 잃게 된다. 그러나 전자보다는 후자가 좋다. 언제든지 낮추면 된다.

얼마의 지분을 양도해도 되는 것일까? 나의 아버지는 '돈은 다 받고 사업은 절반만 준다.'는 좌우명을 가지고 계셨다. 그러나 모든 돈과 사업은 당신이 모두 가지고 있는 편이 더 좋을 것이다.

2) 기술적 전문성

요점을 다시 짚어 보면 스스로 기술을 가지고 있다고 해서 저절로 사업이 되는 것이 아니다. 그러나 대부분의 비즈니스는 어느 정도의 기술을 필요로 한다. 어떤 경우에는 팀의 핵심 연구원처럼 특정한 초석 역할을 하는 사람들에 의해 제공되기도 한다. 그러나 대부분은 그렇지 않다. 의지가 강하고 집중력이 높은 사업가가 어떻게 빠른 시간 안에 자신이 알아야 하는 부분에 관한 전문가가 되었는지는 경이로울 따름이다.

내가 처음 부동산업을 시작하였을 때 부동산에 관련된 법률에 대해서는 전혀 몰랐다. 법무사에게 관련된 법규를 물어본 후, 나가서 관련 자료를 구입했다. 그 자료들을 읽으며 나의 사업과 관련 있다고 느낀 부분을 메모했다. 그리고 법무사에게 다시 이야기하여 내가 정리한 것이 옳은지를 확인했다. 그 후 중요한 법이 생길 때마다(3~4년에 한 번씩) 나는 이 과정을 반복했다. 긴 소설을 읽는 것만큼 시간이 소요되는 것도 아니다. 나는 이 과정을 통해, 전반적으로 많은 지식을 갖추고 있어 우수하지만 내 사업 분야의 특정 부분에 대한 세밀한 면에서는 깊이 이해하지 못하는 법무사들보다도 더 '전문가'가 되었다. 이제 이러한 지식을 같은 사업 분야에서 종사하지만 대학을 졸업하지 않은 똑똑하고, 소위 전문가들보다 더 역량 있는 젊은이들에게 가르칠 수 있게 되었다.

3) 조력자

이미 이야기했었지만, 여기서 다시 언급하려고 한다. 사업에는 고객뿐만 아니라 조력자가 필요하다. 물론 고객도 매우 중요하지만 공급자들과 조언자들도 무척 중요하다. 일단 법무사, 회계사 그리고 다른 전문가들이 당신을 알게 되어 함께 사업을 꾸려나가다 보면 그들이 스스로 당신을 자신들의 보호막 아래 품게 된다는 것을 알게 된다. 변화의 시기 또는 어려운 시기에 좋은 조언자들을 두고 있는 것은 매우 가치 있는 일이다.

4) 사무실

대부분의 초기 창업자는 이 점에 대해 걱정할 필요가 없다. 나도 초기에는 내 집에서 사업을 시작하였고, 내 사업 중 한 분야가 연간

15만 파운드가 되기 전까지는 사무실을 구하지 않았다. 인터넷과 전화만 있어도 많은 비용을 들이지 않고 큰 사업을 하는 것 같은 인상을 줄 수 있다. 사업을 처음 시작할 때에는 좋은 사무용품, 어느 정도 수준의 웹사이트와 전화 응답 시스템만 있어도 전문가들에게 좋은 인상을 줄 수 있다. 많은 사람이 휴대전화만 가지고도 사업을 시작한다.

3. 현 직장 떠나기

당신에게 사업가적 기질이 있으며, 현재 회사에 재직 중이라면 이제 그 직장을 떠나야 할 때다. 하지만 사업을 올바로 터득하기 위해서는 2년 정도 걸릴 수 있다는 것을 염두에 두자. 아직도 갈 길이 멀다. 2년 동안 어떻게 생활을 유지하겠는가? 많은 사람이 임시직을 택함으로써 고용 상태에서 사업가로 점진적으로 변환한다(때로는 같은 직장에서). 이것은 현명한 방법이지만 괜히 연금과 다른 혜택만 잃고 같은 직장에서 다시 풀타임으로 일하게 되는 낭패를 당하지 않도록 조심하라. 최소한 일주일에 이틀은 당신의 사업에 집중할 수 있도록 하라.

나의 아버지는 '예상치 않은 일에 대비하라.'고 말씀하셨다. 비즈니스는 기대하지 않은 순간에 뜻밖의 일이 일어나곤 한다. 이에 대비하기 위해 약간의 여유 자금이나 시간을 준비하라.

4. 개념: 라포, 조화, 앵커링

'일어서서 뛰어야 하는' 사업에서 NLP 기법은 많은 도움이 된다. 이 기법들은 모두 내가 '신체인지physical intelligence'라고 부르는 NLP의 기본 개념에 근거를 두고 있다. 생리학 연구에 따르면, 심장이나 장기 같은 부분은 단순히 관찰하고 제어하는 기관보다 더 많은 신경을 가지고 있다. 이 기관들은 어떤 인지를 가지고 있을까? 이상하게 들리겠지만 다음과 같은 점을 고려해 보자.

- 우리의 언어는 마치 '내 심장이 그 안에 없다.'와 같은 은유로 가득 차 있다.
- 운동은 본질적으로 신체적 학습이다. 최근에 크리스Chris가 골프를 배우기 시작했을 때 그의 코치는 "당신의 몸 전체가 이것을 배우게 되면 좋은 샷을 날릴 수 있을 겁니다."라고 했다.
- 비록 우리의 의식이나 합리적인 생각이 부정할지라도 우리는 무언가가 어떻게 될 것인지 알게 되는 '직관'의 경험에 익숙하다.

이것은 배운다기보다는 마치 온몸에 정보를 축적하는 것과 같고, 직관의 경우에는 상황에 따라 잠재의식적인 평가를 하는 것처럼 보인다. NLP는 이와 같이 개발되지 않은 우리의 능력을 일깨우는 것이다.

1) 라포

이것은 영업이나 혹은 당신의 사업에 필요한 누군가를 설득하고자 할 때 필요한 부분이다.

직장에서 일대일로 대화를 잘하는 동료나 예의 바르고 매력 있는 사람들을 관찰해 보라. 그들은 때때로 상대방에게 맞추기 위해 음성이나 말하는 속도, 그리고 사용하는 어휘를 바꾸기도 한다. 이것은 '상대방의 언어로 대화하는 것'을 말한다. 또한 그들은 비슷한 자세나 몸짓을 통해 '신체 언어로 대화하기'도 한다. 그러나 이러한 것들은 강요하거나 흉내를 통해 되는 것이 아니다. 그것은 대화하는 상대방에게 공감한다는 것을 나타내는 자연스러운 자세다. 비록 서로의 관점이 다르거나 의견이 다르더라도 깊은 곳에서는 '동일한 이해의 영역'에 있다는 것을 의미한다. 이를 받아들이는 상대방은 편안함과 동시에 존중받고 있음을 느끼게 될 것이다.

NLP는 이 과정을 **거울화**mirroring라고 부르며 그 결과물은 **라포**다. 본질적으로 영업 기질이 있는 사람은 선천적으로 라포를 잘 형성하는 경향이 있다. 우리와 같이 일반적인 사람들은 학습을 통해 배워야 하며, 쉽지 않을 수도 있다. 당신이 의식적으로 상대방을 따라한다면 강요받아 억지로 하는 것처럼 보이고 무례하게 보일 수도 있다. 이를 피하기 위해 내가 해 줄 수 있는 조언은 따라하지 말라는 것이다. 대신에 상대방을 잘 관찰하라. 상대방을 넘겨짚기 위해 파악하는 것이 아니라 순수하게 다음과 같은 점에 주목하라.

- 목소리의 어조와 음조
- '속도', 호흡이 빠른가 아니면 느린가, 말하는 속도가 빠른가 아니면 느린가
- 자세
- 반복적인 몸짓
- 표정

이것은 정중한 것이지 건방진 것이 아니다. 이렇게 함으로써 당신은 상대방의 태도나 말투를 자연스럽게 따라하게 될 것이다.

당신이 실제로 무슨 말을 하고 있는가는 중요하지 않다는 것을 명심하라. 소위 NLP에서 '과정'이라고 부르는 것은 말의 '내용'이 아니라 어떻게 하고 있는가에 대한 것이다.

앞서 언급한 내용이 미심쩍은 사람은 의사소통에 매우 서툰 사람들을 관찰해 보기 바란다. 강매하는 영업사원은 몸을 앞으로 내밀고, 그렇지 않아도 이미 방어적인 고객에게 목소리를 높여서 이야기한다. 예민한 10대들은 눈맞춤을 피하고 옷깃을 만지작거린다.

거울화와 그에 따른 라포 형성에 쓰이는 기법들은 부차적으로 사람들과 상황을 파악하는 당신의 능력도 향상시켜 준다. 대기업의 영업 사원이었던 제인Jane은 직장을 그만두고 보험업계에 교육 프로그램을 판매하는 사업을 시작했다. 그녀는 보험회사에 자신의 프로그램을 판매하는 절차가 있다고 말했다. 소개할 수 있는 기회가 오면 그녀는 다른 영업 사원을 대동하고 간다. 그리고는 그 영업 사원이 발표하게끔 한다. 그동안 제인은 그저 앉아서 신체언어로 나타나는 청중의 반응을 파악한다. 그녀는 2~3분만 앉아 있으면 이 회사의 의사 결정 과정이 어떻게 돌아가는지 알게 된다고 말한다. 몸짓, 고개를 끄덕거림, 그리고 표정을 보면 누가 의사 결정을 하는지, 그 결정을 위하여 누가 도와주어야 하는지, 누가 그 결정에 영향력이 있고, 누가 그 결정에 관계가 없는지를 알게 된다고 말했다.

그녀의 비즈니스는 2년 반 만에 2,000만 파운드의 매출로 성장했다.

2) 조화

이것은 의사 결정에 있어서 매우 유용하다.

사람들에게 조언을 해 주다 보면 "그런 나쁜 습관은 지금 당장 고치겠다."라고 말하는 사람을 종종 만나게 된다. 그 말이 진심이라면 매우 설득력 있는 이야기다. 그 말이 진심인지 아닌지를 판단할 수 있는 좋은 방법은 그의 신체언어를 확인하는 것이다. 바른 자세로 앉아 있는가, 몸을 앞으로 내밀고 있는가, 눈은 반짝거리는가, 아니면 의자에 구부정하게 앉아 있는가? 만일 후자라면 의지 없이 단지 희망사항을 말하는 것이다(개개인이 나타내는 몸짓의 의미를 파악하는 법을 터득해야 한다. 사람들은 모두 조금씩 다른 신체언어를 사용한다.). 만일 신체언어와 일치하는 발언을 한다면 NLP는 그 사람을 조화롭다고 정의한다(내용이 약간 벗어났다. 이제 조화에 대하여 말하겠다.).

당신은 어떤 발언이나 어떤 결정에 대한 자신의 신체반응을 관찰할 수 있다. 우리 모두는 어떤 일에 동의했지만 동시에 편안하지 않은 느낌을 받은 경험이 있다. 그렇게 동의하는 것은 조화가 아니다. 나는 조화로운 의사 결정을 관찰하는 것이 매우 유용하다는 것을 알게 되었다. 만일 부조화가 있다면 뒤로 한 걸음 물러나서 나의 잠재의식이 전하고자 하는 것이 무엇인지 생각해 본다. 이러한 부조화는 내 몸 어디에선가 신체적 감각을 느끼게 하므로 나는 이 감각이 나에게 알리고자 하는 것이 무엇인지 상상으로 질문해 보고 떠오르는 생각에 주목한다. 좀 이상하게 들리겠지만 이것은 때때로 유용한 정보를 떠올리게 한다. 그것이 잘 안 될 때에는 조금 더 논리적인 접근이 필요하다. 그 결정의 장단점을 다시 점검하라.

반복하는 가운데, 하고자 하는 일에 대한 당신의 느낌과 당신의 신체가 전하는 '소리'를 듣는 데 더 주의를 기울이게 될 것이다. 여기서 중요한 것은 '직관이 전하는' 부조화의 메시지와 두려움에 대한 내적 느낌을 구별하는 것이다. 전자는 '한발 물러서기'를 의미한다. 후자는 옳지만 새로운 결정이 당신을 낯선 환경이나 도전으로 밀어 넣을 것을 의미하며, 약간의 두려운 느낌은 당연하다. 두려움을 극복하라.

3) 앵커링

나는 중요한 회의에 임하는 사업가들을 준비시키기 위한 코치 기법으로 이것을 활용한다. 이것은 신체인지의 학습 관점을 사용하며, 연상을 통해 좀 더 구체화된다. 우리는 이러한 것에 익숙하다. 어떤 음악이 사람이나 장소, 시절에 대한 기쁘거나 슬픈 기억에 잠기게 하는지 생각해 보라.

다음과 같이 연습해 보자.

1   당신이 자신감에 가득 차 있었을 때를 진지하게 생각해 보라.
2   잠시 동안 기억을 더듬어 보면 잠재의식 속에서 어떤 생각이 떠오르게 될 것이다. 그 순간 당신은 커다란 미소를 짓게 될 것이다.
3   자신감에 찼던 기억이 떠오르면 아직도 그 기억이 생생할 때 신체 부위의 어딘가를 가볍게 눌러라(부드럽게). 어떠한 곳도 좋다. 검지를 사용하면 좋겠지만 그것은 당신의 선택이다.
4   '상태전환break state' – 움직이고, 머리를 흔들고, 그 기억으로부터 당신의 몸과 마음을 털어내라.
5   같은 부위를 눌러 보라.

그 기억이 자신감과 함께 되돌아오는가? 만일 아니라면 이 연습을 되풀이하라. 기억이 가장 생생할 때 3번 과정을 하는 것을 잊지 마라. 5번 과정을 했을 때 기억이 되돌아온다면 당신은 앵커링이라고 부르는 NLP 과정을 한 것이다(눌러 주는 행동이 앵커다. 3번 과정에서 처음 눌러 주는 것을 앵커의 '적용'이라고 부르며, 5번 과정에서 그 상태가 되돌아오게 하는 것을 앵커를 '점화'한다고 한다.). 스트레스 상황에 대비하여 이 연습을 하라.

앵커는 다른 형태일 수도 있다.

1 제스처   중요한 일을 하기 전에 작은 의식을 행하는 사람들은 가끔 조롱을 당하곤 하는데, 사실 이들은 준비를 위해 앵커링하는 것이다. 나는 당신이 이 앵커링을 너무 요란하게 해서 정작 원하는 상태로 몰입하는 것에 방해가 될 정도로 심하게 앵커링을 하라는 것이 아니다. 다른 사람에게 비난을 받지 않는 범위 내에서 이러한 의식을 개발하라고 권하고 싶다. 그런데 일반 대중 앞에서 공공연하게 '앵커'를 하는 사람들도 있다. 축구 팬들은 피터 슈마이켈Peter Schmeichel[*]이 모든 경기에 앞서 올드 트래포드Old Trafford[**]의 60,000명의 관중 앞에서 그의 신발로 양쪽 골대를 두드리는 행동을, 럭비 팬들은 아마 조니 윌킨슨Johnny Wilkinson의 프리킥 의식을 떠올릴 수 있을 것이다. 이것이 전형적인 앵커링이다.

2 장소   ('공간적 앵커링') 영웅의 여정에서 바닥의 어떤 부분을 한계점, 멘토, 악마 그리고 묘약과 연계해 보았던 것을 상기할 수 있는가? 이것이 바로 물리적인 공간을 생각, 느낌 그리고 몸짓으로 연관시키는 앵커링이다.

---

[*] 역자 주: 영국의 축구팀 맨체스터 유나이티드의 전설적인 골키퍼
[**] 역자 주: 영국의 축구팀 맨체스터 유나이티드의 경기장

3 이미지　　어떤 사람들은 특정한 이미지나 상징을 상상하고 긍정적인 느낌을 그 이미지와 결부시킨다. 그들이 그 이미지를 떠올리면 긍정적인 느낌이 생긴다.

4 소리　　비틀즈의 노래 'All You Need Is Love'는 나에게 아주 잘 맞는다. 그 노래를 들으면 내가 산타크루즈에 있는 로지컬 레벨Logical Levels이라는 회사에서 일하던 시절이 떠오르며 목표, 명확함, 경이로움 그리고 행복에 대한 환상적인 느낌이 느껴진다.

마지막으로 앵커는 부정적인 면도 있다는 것을 기억하자. 당신의 일터에 부정적인 것과 연관되어 있는 것이 있는가? 그렇다면 제거하라.

5. 당신을 변화시켜라: I-D-EA-S 과정

> 행동이 없는 비전은 공상이며, 비전이 없는 행동은 악몽이다.
>
> − 일본 속담

큰 회사들은 서로 다른 보완적인 기술을 가지고 있는 사람들이 함께 모인 이사회에 의해 운영된다. 그 구성원들은 서로 다른 관점에서 여러 가지 조건을 검토한 후 결정을 내린다. 그러나 작은 규모의 사업가는 혼자서 작업하며 자신의 관점을 만들어 내야 한다. 이 과정은 앵커링과 정교한 네 가지 능력 세트를 사용하여 이 같은 관점을 확립하는 방법이다.

문제에 봉착했을 때, 당신은 네 가지 관점을 앵커하고 한 가지씩 접근할 수 있다. 다른 요소의 영향과는 관계없이 한 가지씩 모두 '평가'한다. 모든 요소를 충분히 고려하고 나면 때로는 각각의 요소가 서로 경합하기도 하지만 당신은 꼭 필요한 관점들로 결합된 지혜를 갖추게 된다. 그 결과물은 유익하고 건전하며 깊이 생각한 의사 결정이다.

I-D-EA-S

Innovator 혁신가

Doer 실행가

External Advisor 외부 조언자

Stakeholder 이해 당사자

1 당신은 가장 먼저 혁신가의 마음가짐에 접근해야 한다. 이것은 리더십 능력의 한 부분이다. 당신이 매우 창조적으로 무슨 일이든 해낼 수 있을 것 같았던 시절을 상기하라. 대단한 사건일 필요는 없으며, 모험적인 휴가를 꿈꾸었던 것도 좋다. 그와 같은 가능성, 풍부한 상상력, 창조성을 즐겨 보라. 이와 같은 느낌이 강하게 느껴질 때부터 희미하게 사라질 때까지 검지를 누르고 있어라. 잠시 쉬었다가 그 마디를 다시 눌러 보라. 그 느낌이 되돌아올 것이다. 만일 그렇지 않으면 성공할 때까지 그 동작을 반복하라. 그러면 당신은 그 마음의 상태에 앵커한 것이다.

2 다음으로 실행가의 '운영' 능력을 앵커하라. 당신이 어떤 일을

성공적으로 수행하고 있었을 때나 또는 어떤 일을 어떻게 수행할지에 대해 분명하고 정밀한 계획을 세울 때를 생각해 보라. 그때의 왕성한 활동에 대한 즐거움을 느껴 보라. 이 느낌이 강하게 느껴질 때부터 그 느낌이 사라질 때까지 중지를 눌러라. 잠시 쉬었다가 그 마디를 다시 눌러 보라. 다시 느껴지는가? 만일 그렇지 않다면 성공할 때까지 그 동작을 몇 번 반복하라. 이제 그 마음의 상태에 앵커한 것이다.

3 다음으로 회계사나 변호사와 같은 외부 조언자의 '보호' 역할을 앵커해 보자. 나는 이 사람들의 역할을 마치 전형적인 부모처럼 비판도 하고 보살펴 주기도 하는 두 가지 기능의 관점에서 보는 것이 좋다고 생각한다. 그들의 역할은 몇 가지 조건을 고려해 보고 무엇이 잘못될 수 있는지 생각해 보는 것이다. 그러나 그들은 비판만 하는 것이 아니라 동시에 위험을 미리 알아내고 실행 과정의 경솔함을 피하도록 충고해 준다. 갑자기 일이 잘못되기 시작했을 때 상황을 중지시키고 그 상태를 세밀하게 분석하여 다시 바로잡았던 순간을 생각해 보라. 당신이 분석적으로 위험을 감지하고 상황을 통제하였던 때의 느낌이 강하게 느껴지면 그 느낌이 사라질 때까지 앞에서 한 것과 마찬가지로 약지의 마디를 눌러라. 잠시 쉬고 나서 그 마디를 다시 눌러라. 그 느낌이 되살아나야 한다. 만일 느껴지지 않는다면 그 느낌을 느낄 때까지 과정을 반복하라. 이제 그 마음의 상태에 앵커한 것이다.

4 마지막으로, 외부의 세상, 고객, 시장, 일반 대중과 같은 회사의 이해 당사자들의 세계에 초점을 맞춘 관점에 앵커하라. 당신이

접근하려는 상태는 공감이다. 당신이 진정으로 어떤 사람과 조화를 이루었던 때를 생각해 보라. 어떻게 해서인지는 몰라도 당신은 그들이 무슨 생각을 하고 어떤 느낌을 가지고 있는지 알고 있었다. 또한 그들은 당신이 알고 느끼는 것이 옳다고 확인해 주었다. 이것은 희망 사항에 따른 독심술이 아니다. 그 느낌이 강하게 느껴질 때부터 그 느낌이 사라질 때까지 새끼손가락을 눌러라. 잠시 쉬고 나서 그 마디를 다시 눌러라. 그 느낌이 되살아나야 한다. 만일 느껴지지 않는다면 그 느낌을 느낄 때까지 과정을 반복하라. 이제 그 마음의 상태에 앵커한 것이다.

5 이제 당신이 생각하고 있는 프로젝트를 떠올려라.

6 혁신가의 마디를 누르면서 많은 아이디어를 생각해 보라. 낙관적으로 생각하면서 1~2년간의 이상적인 시나리오를 창출해 보라.

7 실행가의 마디를 누르면서 그 시나리오에 도달할 수 있는 현실적인 계획을 짜 보라. 첫 번째, 두 번째, 세 번째 할 일이 무엇인지 구체적으로 계획하라. 실행가는 계획자이기도 하며, 이와 같은 세심한 일에 아주 능숙하다.

8 외부 조언자의 마디를 누르고 자신에게 물어보라. 잘못될 만한 요소는 무엇인가? 당신은 그 계획에 비판적인 부분을 가지고 그 과정을 마무리해야 한다.

9 이해 당사자의 마디를 누르면서 그 실행이 당신의 고객, 중요한 공급자, (만일 있다면) 주주 그리고 당신의 가족에게까지도 어떤 영향을 미칠지 생각해 보라. 당신이 계획한 대로 따르기를 원하는 사람들과 그렇지 않은 사람들 사이에 갈등이 있다는 것을 알게 될 것이다.

10 혁신가의 마디로 돌아와서 실행가의 계획에 관해 우려하는 외부 조언자의 의견에 대한 해법을 찾아라. 그 계획에 동조하는 사람들과 반대하는 사람들을 만족시킬 수 있는 타협점을 찾아라.

11 잠시 아무 손가락도 누르지 말고 생각하라. 이때가 당신이 의사결정을 하는 리더로서의 능력을 발휘하는 순간이다.

12 될 때까지 반복하라.

확고한 기반

- 당신이 추구할 만한 가치가 있는 순간에 대해 알아라.

- 네 가지 능력 세트에 대한 능력을 키워라.
  - 리더십 – 혁신, 동기 부여, 전략적 사고, 결단
  - 관리와 운영 – 일 성취하기, 일이 진행되게 하기
  - 재무와 법무 – 보호
  - 영업, 친구 만들기, 마케팅 – 외부 세상과 상호 작용하기

- 필요한 자원 모으기

- 개념: 라포, 조화, 앵커링

- I-D-EA-S
  - 당신이 의사 결정을 하는 데 도움이 되도록 조언자들의 집단을 시뮬레이션해 보는 과정
  - 시간이 흐르면, 당신의 사업가 칩에 내장될 것이다.

당신의 마음을
성공에 조율하기

03

Think Like an Entrepreneur:
Your Psychological Toolkit for Success

03

당신의 마음을 성공에 조율하기

Think Like an Entrepreneur:
Your Psychological Toolkit for Success

이 장에서는 사업가를 세상의 일반적인 사람들과 구분하는 위험, 의사 결정, 행운, 일반적인 도덕성과 같은 것에 대한 신념과 가치에 대하여 깊이 있게 살펴보려고 한다. 그리고 이러한 신념과 가치는 논리적 수준Logical Levels이라고 부르는 심리학의 전반적인 모형의 더 큰 맥락에 적용하고자 한다.

이 논리적 수준은 NLP로부터 나온 가장 강력한 수단 중 하나다. '전체론holistic'이라는 단어는 심리학과 경영학에서 전반적으로 지나치게 사용되고 있지만, 수준모형은 정말로 이렇게 불릴 만하다. 이 모형은 사고와 동기 부여, 동기 저하에 관한 여러 가지 모형의 복합체다.

마지막으로, 내가 개발한 7차원이라고 부르는 과정을 통하여 이 모델을 비즈니스의 특정 상황에 적용하려고 한다. 좀 의아하게 들릴수도 있겠지만 이것이야말로 당신의 동기 수준, 사업의 필요성, 그리고 그 둘 사이의 적정성(혹은 부적정성)을 점검할 수 있는 변화 작업의 실질적인 부분이다.

1. 사업가의 신념과 가치

독립적이고 효율적으로 행동할 수 있도록 도와주는 사업가의 핵심적인 신념과 가치에 대해 생각해 보는 것으로 시작해 보자.

1) 위험

정통적인 경제학자나 거리의 사람들, 사업가들은 위험을 감수하는 사람들이다. 이 문장에 관한 진실 여부를 가늠하는 방법이 있지만 이것을 지나치게 미화할 필요는 없다고 본다.

사업가들은 **계산된** 위험을 감수하는 것이지 무작정 위험을 택하는 것이 아니다. 자동차를 마주보고 달리는 '치킨 게임'*을 하는 10대들은 위험을 택하지만 사업가들은 이러한 위험을 택하지 않는다. 또한 그들은 '안전 위주'를 추구하는 모든 의견에 반해, 자기 자신과 사업 구상의 모험을 택한다. 하지만 그들은 결정을 내린 후 위험을 최소화하기 위해 매일 많은 시간과 에너지를 쏟아붓는다.

---

* 역자 주: 어느 한쪽이 양보하지 않을 경우 양쪽 모두 파국으로 치닫게 되는 극단적인 게임이론이다. 1950년대 미국의 젊은이들 사이에서 유행하던 자동차 게임의 이름으로서 한밤중에 도로의 양쪽에서 두 명의 경쟁자가 자신의 차를 몰고 정면으로 돌진하다가 충돌 직전에 핸들을 먼저 꺾는 사람이 지는 경기다. 핸들을 먼저 꺾는 사람은 겁쟁이, 즉 치킨으로 몰려 명예롭지 못한 사람으로 취급받고 어느 한쪽도 핸들을 꺾지 않는 경우에는 게임에서 승자가 되지만 충돌함으로써 둘 다 자멸하게 된다.

에너지 사업을 하는 내 친구 폴Paul은 "사업가들은 무작정 절벽에서 뛰어내려 날개를 퍼덕이는 것이 아니다. 그러나 줄을 타고 절벽을 내려가려는 시도를 한다."라고 웃으면서 이야기했다.

사업가들은 사업가답게 일을 처리하지 **않는** 것이 위험하다는 것을 알며, 다른 사람들이 그것을 모르는 이유에 대해 이해하지 못한다. 현대의 시장 상황에서 보장된 평생 직업은 없다. 가장 성공적이었던 회사의 관리자들도 기업합병의 희생자가 될 수 있으며, 그들이 훌륭하게 담당했던 일들이 중국 서부지방으로 이전되어 타클라마칸 사막 근처로 옮겨지거나 그로 인하여 해고당하는 처지에 놓이기도 한다. 일부 공무원과 같은 일을 제외하고는 안전한 직장이라는 것은 없다. 젊은 시절인 20세에 자신의 꿈을 포기한 채 크고 안전한 조직에 들어가 25년가량 일하면서 생존 기술이라고 할 수 있는 기업정신을 터득하지 못했다면, 45세가 되었을 땐 그 조직에서 퇴출되는 현실적이고 실제적인 위협이 따를 뿐이다.

여기에 의문을 갖는 사람들은 "글쎄, 45세에 직장을 잃더라도, 사업을 제대로 하지 못해서 발생할 수 있는 실패와 파산보다는 훨씬 낫지 않을까?"라고 말할 것이다. 이에 대하여 나는 두 가지 반론을 제기하겠다. 첫째, 사업에는 수많은 결과가 있는데, 사업을 실패하게 되는 극단적인 경우는 오랜 시간에 걸친 다양한 사건의 결과다. '실패'하는 대부분의 비즈니스는 단순히 맥이 빠진 것이다. 좀 더 도전할 가치가 있고 보람 있는 사업 방향을 찾을 때까지는 적은 돈을 벌면서 한동안 바닥을 헤매게 된다(마찬가지로 대부분의 '성공'하는 사업들은 사업주와 직원과 고객들에게 지속적인 이익을 실현시켜 주지만, 결코 경제신문의 '이달의 성공 사례'와 같은 난에 실리지 않으면서도 조용하고도 요란하지 않게 성장한다.).

둘째, 진정한 사업가에게는 파산도 끝이 아니다. 나는 파산을 그저 말에서 떨어지는 사고 정도로 여기고 행복해하며 박수갈채를 보내고 싶지는 않다. 당신 재산의 많은 부분이 사업에 매여 있다면 끔찍할 것이다. 그러므로 되도록이면 그런 상황은 피하라. 은행 직원이 미소를 지으며 당신의 집을 담보로 제공하는 융자는 정말로 필요한 것인가? 당신이 재산을 잃지 않더라도 누군가는 고통을 당한다. 대부분은 당신이 돈을 갚아야 할 빚이 있는 사업가들일 것이다. 하지만 비즈니스가 망하는 것은 궁극적으로 후회스러운 사건이지 절망적인 비극은 아니라는 것이다. 진정한 사업가는 자신을 다시 추스르고, 실패에서 배우고, 더 현명하고 강하게 사업을 다시 시작한다.

나는 사업가라는 것은 일생의 직업으로 봐야지 직업에 반하는 경력으로 보아서는 안 된다고 믿는다. 일반적인 직업들과 마찬가지로 많이 배워야 하며, 일이 잘못되어 가는 것처럼 느껴지는 어려운 시기도 겪을 것이다. 아마도 이때 가장 많이 배울 것이다.

실제 상황에서는 사업가들이 어떻게 위험을 최소화하는지 생각해 보는 것으로 이 절을 마무리하려고 한다.

첫째, 대부분의 성공적인 사업가는 제1장에서 제시한 충고들을 따른다. 그들은 **사업을 검소하고 작게 시작**하며, **고객을 가능한 빨리 확보**한다.

내가 알고 있는 많은 사업가는 거의 취미 수준으로 사업을 시작하여 오늘에 이르렀다. 의사인 알렉시Alexi는 공동주택을 구입하고, 여유 시간에 수리를 하여 세를 놓는 취미가 있었다. 10년이 지난 후 그는 스무 채의 부동산을 소유하게 되었다. 그는 부동산 관리를 하기 위해 병원을 그만두었다. 그는 "나는 층계를 갈아 내고 집을 수리하여 처음처럼 반짝거리게 만드는 일을 무척 좋아했지만 그 일이 이렇게 많은 돈을 벌게 해 주리라고 생각해 보진 못했다."라고 말했다.

반대로 순전히 이론적인 연구 혹은 심지어 어떤 '예감'을 근거로, 제품이 만들어지거나 팔리기도 전에 직장을 그만두고 많은 돈과 건물을 빌려 잔뜩 꾸민 후, 직원들을 고용하고 차와 기계들을 구입하여 비싼 마케팅 재료들을 만드는 등의 일을 벌이는 사람들의 끔찍한 이야기도 알고 있다. 내 생각에 이것은 참으로 위험한 일이다. 그러나 일반적인 사람들은 사업가들이 이렇게 한다고 믿는 것 같다. 그래서 사업을 하는 것은 모험적인 삶이라고 생각하는 것도 무리는 아니다.

둘째, 사업가들은 **지속적으로 신속하게 처신한다.** 비즈니스가 제 모습의 구조와 체계를 갖추어도 그들은 지속적으로 다른 기회를 찾고 시도해 본다.

셋째, 그들은 **조심스럽게 계획한다.** '조심스럽다.'는 것은 상상력이 없다거나 대담하지 않다는 의미가 아니라 주도면밀하다는 뜻이다. 계획을 세밀하게 짜는 것보다 '큰 그림'을 그리기 좋아하는 사업가들이라도 세밀한 계획을 짜 줄 수 있는 사람을 고용하기 전까지는 스스로 계획을 세우게끔 자신을 몰아붙인다.

'계획'이라고 하는 것은 단순히 '사업 계획'만을 의미하는 것이 아니다. 당신의 시간을 체계적으로 짤 필요가 있다. 이와 같은 일은 자세한 사업 계획을 세우기 훨씬 이전에 사업을 하기로 작정한 순간부터 해야 한다. 그리하여 사업 계획을 짤 때에는 그 일이 당신의 일상적인 계획에 대치하는 것이 아니어야 한다.

계획적인 것이 신속한 것과는 반대의 것이 아님을 알기 바란다. 꼼

꼼한 계획은 가정들로 가득 차서 반 밖에 채워지지 않은 계획보다 훨씬 더 수정하기가 쉽다. 사업가의 계획은 계획 그 자체에 의미가 있는 것이 아니다. 계획의 결과물은 성공이지 계획 그 자체가 아니다. 계획에 대해서는 다음 장에서 더 언급하도록 하겠다.

마지막으로, 성공적인 사업가는 비록 재무에 관한 부분이 초기에 부족했던 능력 세트라고 할지라도 특히 **재무를 무척 중요하게 생각한다.** 나는 재무에 대해 전혀 아는 것이 없었던 사업가들을 알고 있다. 그러나 이러한 이야기들은 대부분 실제와는 약간 거리가 있다. 성공한 사업가들 중에 자신은 재무제표를 전혀 읽을 줄 모른다고 농담처럼 얘기하는 사람들이 있는데, 그들은 대부분 과장된 표현을 썼거나, 재무에 능통한 파트너가 있거나, 아주 운이 좋았거나, 아니면 타고나기를 인색하여 돈을 낭비하지 않는 사람들이다. 또한 재무제표보다는 현금 흐름을 예측하는 데 더 숙달되어 있었을 수도 있다.

현명한 사업가들은 개인적인 재무 상태도 진지하게 다룬다. 예를 들어, 그들이 봉급자였다면 '안전망'을 위하여 저축했을 것이다.

위험을 피하기
- 작고 검소하게 시작하라.
- 되도록 빨리 고객을 확보하라.
- 신속하게 처신하라.
- 조심스럽게 계획하라.
- 재무를 진지하게 생각하라.

위험에 대한 마지막 생각은 우리가 두려움 때문에 위험을 느낀다는 것이다. 그러나 정확히 무엇에 대한 두려움인가? 코치로서 나는

가끔 '스트레스'와 같은 '사업의 당면문제'를 발견하게 되는데, 알고 보면(비즈니스가 재정적으로 거의 파산하는 것과 같은) 그 뒤에 숨어 있는 더 깊은 문제가 드러나기도 한다. NLP는 '그 뒤에 숨어 있는 문제가 무엇인가?'를 묻는다. 그러니 당신도 위험이라는 인식 뒤에 숨어 있는 진정한 두려움이 무엇인지 자신에게 물어보라. 그 두려움의 실체가 재정적인 손해인지, 수치심인지, 파트너에게 손해보았다고 얘기하는 것인지, 선술집에서 비웃음을 당하는 것인지 질문하라. 이 두려움을 피하지 말고 맞서 보라. 예를 들어, 파트너에게 숨기지 말고 말하거나 혹은 새로운 선술집을 가라. 그러면 그 '위험'이 갑자기 덜 두려운 것처럼 느껴질 것이다.

2) 의사 결정

사업가에 대한 또 다른 일반적인 견해는 결단력이 있다는 것이다. 이것은 옳은 생각이다. 하지만 종종 사업가들이 인생을 뒤바꿀 만한 거창한 결정을 내리는 데 시간을 보낸다는 생각은 조금 잘못되었다.

실제로 사업가는 여러 가지 수많은 결정을 신속하게 내리는 생활을 한다. 사업가처럼 생각하려면 당신도 이와 같이 할 수 있어야 한다. 사소한 결정 때문에 고민하는 사람들은 사업에서 성공할 수 없다. 그들은 결정하지 못하는 자신의 우유부단함에 끌려 다닐 것이며, 그러다가 지치게 될 것이다. 이것이 내가 서문에서 거론한 '사업가 칩'이 매우 중요한 이유다. '탁!' 결정하고, 그에 따라 진행한다.

의사 결정을 하는 데에서 지나치게 고민하고 있다면 다음과 같은 것을 고려해 보라.

많은 경우 우유부단함은 잠재되어 있는 **완벽주의** 때문이다. '자,

1안이 좋아 보이는데 이것은 최선일까? 이것이 완벽한 안일까?' 완벽주의는 칭찬할 일이기는 하지만 때로는 아주 해로운 영향을 미치기도 한다. 그것은 두 가지 길 중 하나로 사람들을 몰아간다. 한 가지 길은 정말로 작은 '상자' 속으로 몰아가는 것이다. 큰 조직에서 글자에 적힌 대로 모든 과정을 밟아 나간다면 '완벽하게' 처신할 수는 있겠지만 별로 흥미진진한 일은 아니다.

또 다른 길은 끝도 없고 가능하지도 않은 완벽주의를 향한 추구다. 이것은 논쟁거리가 되기는 하지만 가치 있는 목표다. 비록 심리학자인 앨버트 앨리스Albert Ellis는 완벽주의가 일종의 미친 짓이라는 인식을 바탕으로 총체적이면서도 매우 성공적인 치료법을 만들었다고 할지라도 말이다. 완벽주의는 사람을 열망하게 하고 창조적인 일을 하게 한다. 그러나 이러한 완벽주의를 성취하는 길 혹은 완벽주의를 향한 유일한 길은 **불완전을 통하는** 것임을 이해해야 한다. 사업가로서 당신은 완전히 불완전함을 가지고 사업을 시작할 것이며, 그런 사실을 인정하고 오히려 그것을 좋은 일로 보게 되는 법을 배워야 한다. 불완전이란 배움, 변화, 창조, 건설, 확장 그리고 적응을 배울 수 있는 기회를 줄 것이다. NLP의 공동 창시자인 리차드 밴들러Richard Bandler는 "할 만한 가치가 있는 일들은 모두 처음에는 잘 못할 만한 가치가 있는 일들이다."라고 했다.

완벽주의의 대안은 양육과 아동발달을 전공한 영국의 심리학자 도널드 위니컷Donald Winnicott에 의하여 제시되었다. '완벽한 부모'가 되려고 노력하는 것이 정말로 옳은 일인가? 그는 그렇지 않다는 것을 발견했다. 최고의 부모는 부모-자녀 간의 욕구가 균형을 이루게 하고, 자녀가 좌절과 현실에 대한 건강한 예방약을 복용하게 하여 합리적인 성인으로 성장시키는 것으로도 '충분하다'. '충분하다'는 것은 실제로는 최상인 것이며, 이와 같은 것은 사업가의 의사 결정에서도 마찬가지라고 믿는다. 충분하고 신속한 의사 결정!

나는 결정하는 것에 관한 간단한 모형을 가지고 있다. 선택권이 주어지면 "잘못될 수 있는 최악의 상황은 무엇인가?" 하고 스스로에게 묻는다. 만약 그 대답이 심각한 것이라면 자문을 구한다. 그렇지 않으면 빨리 의사 결정을 하고 다른 일에 착수한다(할 일이 없는 경우는 없다.). 망설이거나 우유부단한 것은 당신이 하지 말아야 할 가장 나쁜 일이다.

결정을 하고 나면 나는 즉시 실행한다. '타고난' 사업가들에게는 이러한 충고가 필요없겠지만 그렇지 않은 사람들에게는 큰 소리로 분명하게 충고해 주고 싶다. 행동이 없는 결정은 결정하지 않는 것과 마찬가지로 나쁜 일이다.

실제로 많은 결정은 생각했던 것보다는 덜 심각하다. 상황은 항상 변한다. 최선의 결정이라도 예측하지 못했던 일들이 발생하면서 '잘못된' 결정이 될 수도 있다. 그리고 나쁜 결정도 결과적으로는 행운이 될 수 있다. 당신이 중심을 잡고 분명한 목표를 추구하는 한, 잘 풀리지 않는 일에 대한 작은 결정은 항상 수정할 수 있다. 이는 변덕스러운 날씨를 만난 항해사가 목적지에 도달하기 위해 항로를 계속 수정하는 것과 같다.

상황이 악화되더라도 긍정적인 태도를 유지하라. 자신을 비난하지 마라. 발생한 문제점들을 분류해 보라. 무엇이 잘못되었고 그 이유가 무엇인지 객관적으로 연구하라. 관련된 것을 공부하고 계속 진행하라. 사업가 정신은 끊임없이 배우는 것이며, 이러한 방식으로 실수를 다룬다면 이미 잘하고 있는 것이다. 이렇게 할 수 있는 자신을 자랑스럽게 생각하라.

정말 중요한 의사 결정은 상담할 필요가 있다. 우유부단한 사람은 다른 사람에게 물어보아야 하기 때문이라며 아무 조치도 하지 않은 것에 대한 핑계를 대기도 한다('때가 좋지 않다.', '그들이 바쁘다.', '이 사람이 내가 의논하기에 적절한 사람일까?'). 사업가들은 되도록 빨리, 최선은 아니더라도 각 결정을 내리는 데에 적합한 사람과 의논해야 한다.

다시 말하지만, '타고난' 사업가들은 앞서 설명한 충고들이 필요하지 않을 것이다. 어떤 대가를 치르든 빨리 결과를 보고 싶다는 욕구 때문에 오히려 시간을 가지고 심사숙고하여 전문가와 상담해야 하는 의사 결정이 곤란해질 수 있다. 그러나 서두르는 것은 우유부단한 것보다 훨씬 덜 해롭다. 결정을 하지 않았거나 이미 벌어진 일 때문에 괴로워하거나 의사 결정을 지체하는 것은 훨씬 더 큰 손해를 일으킨다. 많은 사업가 중 '서두르는 운전사'는 아마 다른 사람들을 짜증나게 하겠지만, 사업을 운영하는 데 있어서 지속적으로 작은 결정을 내려야 하는 현실 속의 상황에서는 좋은 이익이 된다.

3) 행운

'행운'의 기회는 무척 열심히 일한 것에 대한 결과물이지만 그것을 잘 알지 못하는 사람들은 단지 하나의 행운으로 잘못 해석하곤 한다. 이 '행운'의 어떤 부분은 당신이 고객 방문을 많이 할수록 당신이 제공하는 것에 흥미를 느끼는 사람을 만나게 될 가능성이 높은 것과 같은 단순한 숫자의 결과물이다. 또한 어떤 고객을 방문할지, 또문이 열렸을 때 어떤 어조로 말할지와 같이 당신이 많은 노력을 하는 동안 노련해진 결과이기도 하다.

적극적인 사업가는 소극적인 사람들보다 운이 나쁠 수도 있다는 것을 기억하라. 운이 나쁠 땐 잘 헤쳐 나오고, 행운이 올 때는 최대한 누리는 기술이 있다는 것은 당연한 이야기다. 그러나 이것을 잊고, 사람들은 사업가들이 '운 좋은' 사람들이라고만 생각한다(4장에서 이 기술에 대하여 좀 더 논의하겠다.).

그럼에도 불구하고 많은 사업가는 자신이 행운이라고 믿는다. 배리 피어슨Barry Pearson이 (항상 그렇듯 공손한 태도로) 내게 한 첫 마디는, 자신은 '타고난 행운아'였다는 것이다. 이러한 생각은 전적으로 바람직하다. 심리학자 리처드 와이즈먼Richard Wiseman은 자신의 행운에 대한 순수한 믿음은 자기충족적인 예언이 된다는 것을 보여 주었다. 슬프게도 그 반대의 경우도 마찬가지다. 내가 추천하는 그의 저서 『행운의 요소The Luck Factor』에서는 스스로를 행운아라고 생각하는 사람들은 다음과 같은 특성을 갖는다고 설명하였다.

- 사교적이며 사람들과의 접촉을 통해 새로운 아이디어에 대한 기회 등을 만들어 낸다.
- 자신의 직관에 귀 기울인다.
- 결과에 대하여 낙관적이다.
- 일이 잘 안 될 때에도 희망을 갖는다.
- 타인도 바보가 아니며 능력이 있다고 믿는다.
- 타인과 비교하여 자신에 대하여 호의적이다(자만이 아니라 축복이라고 생각한다.).

성공한 CEO의 비즈니스 심리코칭

• 과거에 얽매이지 않고 미래를 바라본다.

긍정적인 사고에 대한 다른 책들과 달리, 『행운의 요소』는 단순한 일화가 아니라 연구 결과에 근거를 두고 있다. 아마도 사업가로서 당신은 앞서 열거한 모든 것을 행하고 있겠지만, 이러한 태도가 '행운을 창조한다.'는 것을 깊이 생각해 보고 확인하면 좋을 것이다.

따라서 행운은 긍정적인 자세를 가지고 열심히 일한다면 저절로 따라오는 것이지만, 진정한 성공을 이루기 위해서는 그 행운을 거침없이 추구해야 한다. 이것은 아무렇게나 주어지는 것이 아니다. 그렇게 생각하는 사람들은 아마도 시기심 때문일 것이다.

4) 관행

사업가에 대한 일반인의 인식 중에 내가 전적으로 동의하는 것은 사업가들을 반역자로 보는 점이다. 이것이 꼭 기존 질서에 반대한다는 의미는 아니다. 여기에서의 '반역'은 지나친 고정관념에 대한 것이다. 사업가들은 그보다 훨씬 더 상상력이 풍부하다. 자기만의 방식으로 일을 처리하고 또 그에 대하여 자부심을 느낀다는 것을 의미한다. 또한 우리의 자유뿐만 아니라 다른 사람의 자유 또한 매우 소중히 여긴다.

어렸을 때 나는 꽤 거친 성격에, 법과는 거리가 먼 행동을 하는 친구들과 어울려 다녔다. 내가 이들을 좋아했던 이유는 그들의 소란스러운 삶, 그리고 진정성에 대한 감각 때문이었다. 그들은 그들의 방식대로 행동하였고, 세태에 반항했다. 하지만 이제는 모두 조금 더 책임감 있는 사람이 되기를 바란다. 또한 그와 동시에 우리가 인생을 모험으로 여기는 감각 또한 유지하기를 바란다.

나는 내가 만나는 사업가들로부터 해적에게나 어울릴 것 같은 이러한 기질을 많이 발견하며, 또한 그것을 매우 좋아한다. 비록 그들이 다른 사람들에게, 혹은 코치인 나에게, 또 스스로에게 골칫덩어리일 때조차도 그들에게는 언제나 흥미롭고 생명력이 넘치는 무엇인가가 있다. 애플사 사업 정신의 원동력인 스티브 잡스Steve Jobs를 생각해 보라. 회사가 지나치게 공동체적인 집단이 되었을 때, 그는 독립 성향이 강한 사람들과 함께 회사를 떠나서 새로운 회사를 만들고 해적 깃발을 걸었다. 당신의 사업도 이와 같이 하라.

많은 사회 규범은 시대에 뒤떨어진 것이며, 지배 계급에 속하는 엘리트들이 무산 계층의 사람들과 농민들을 그 상태에 머무르게 하고자 했던 시대의 유물이다. 21세기인 지금, 우리는 왜 그런 규범을 따라야 하는가?

그러나 나는 일반적인 삶이나 사업 안에서 도덕적 개념을 무시하라는 것은 아니다. 당신이 **당신**의 신념과 **당신**의 가치 기준에 따라 확고한 결심을 갖고 당당하게 살 것을 강조하는 것이다. 다음에 등장하는 개념과 과정은 당신이 이와 같이 하도록 도와 줄 것이다.

2. 개념: 논리적 수준(Logical Levels)

이것은 효과적이고 인기 있는 NLP 모형이며 꽤 많이 쓰이는 것이다. 이것은 로버트 딜츠Robert Dilts에 의해 창시되었고, 다음의 내용은 그에 대한 우리의 해석이다.

논리적 수준은 인간과 관련된 모든 문제(즉, 사업에 관한 대부분의 문제들)를 진단하는 간단한 도구로써 종종 사용된다. "그 문제가 어느 수준에 있는가?" 하는 것은 신속하고도 효율적인 해법을 찾는 효과적인 방법일 수 있다.

그러나 내가 생각하기에 이것을 더 효과적으로 사용하는 방법은 개인의 동기 부여를 위해 쓰는 것이다. 각각의 수준은 우리의 감정, 사고, 의지 그리고 행동에 영향을 끼칠 정도로 동기 부여를 하는 상당히 독립적인 시스템이다. 한 시스템으로부터 오는 메시지가 다른 시스템에서 오는 메시지와 충돌할 때 이를 잘 정렬하지 않으면 필연적으로 내적 갈등을 겪게 된다. 지금 떠오르는 이미지는 여섯 대의 전화를 동시에 받고 있는데 각각의 전화로부터 서로 다른 요구를 받고 있는 '시달리는 중역harassed executive'이라는 만화다.

그 수준들은 다음과 같다.

- 사명mission
- 정체성identity
- 신념, 가치 그리고 바람beliefs, values and desires
- 능력capabilities
- 행동behaviors
- 환경environment

이것에 대하여 자세히 들여다보자.

1) 사명
이 수준에 집중하는 사람은 자신과 관련이 있으며 의사 결정을 하도록 인도해 준다고 느끼는 어떤 커다란 것에 자신의 일생을 바친다. 이것은 지구를 구하는 것처럼 엄청날 필요는 없다. 그들이 속한 업계에서 통상적으로 해 오던 일에 대하여 개선하고자 하는 충동을 느끼는 사업가는 사명을 가지고 있는 것이다.

어떤 저서들은 비즈니스가 사명에서 시작되어야 한다고 말한다. 나는 이에 동의하지 않는다. 내가 매우 존경하는 저자인 스티븐 코비Stephen Covey는 사명을 자신의 내부에서 발견하는 것이라고 했다. 사업에서 사명은 진화할 수 있다. 극작가 아서 밀러Arthur Miller도 비슷한 이야기를 했다. 어떤 줄거리가 즉각 떠오른다고 하더라도 연극에 대한 근본적인 주제는 집필을 시작하면서 드러난다고 한다. 청구서에 돈을 지불하는 것 같은 단순한 **목표**도 사업을 시작하기엔 충분하다.

장기적으로 볼 때 사명은 사업에서는 물론 개인적으로도 필요하게 된다. 철학자 버트런드 러셀Bertrand Russell은 "좋은 삶은 사랑에 의하여 영감을 받고 지식에 의하여 인도되는 삶이다." 라고 하였다.

2) 정체성

이것은 '우리가 진정 누구인가?' 에 대한 것이다. 모든 수준 중에서 가장 수수께끼다. 이것은 우리가 지금까지 살아오면서 쌓아 온 '정체성에 대한 신념' 에 의해 잘못된 믿음으로 둘러싸이거나 심지어 오염되기도 한다. 정체성은 소중한 것이면서도 동시에 취약한 것이다. 사람들은 자신의 정체성에 도전하기보다는 포기하는 경우가 많다. 그러나 동시에 정체성은 이상하게도 과묵해서 10대에도, 그리고 성인이 된 후에도 우리가 누구인지 알면서도 우리가 진정으로 누구인지를 고민하는 데 많은 시간을 보내게 한다.

때로 정체성은 별로 도움이 되지 않는 방법으로 그 본성을 드러내기도 한다. 심리적 문제는 자신의 정체성과 반대로 행동하는 사람들에 의해 나타나는 경우가 많다. 그러나 그것은 아주 유익하게 작용하는 경우도 많으며, 또 그래야 한다. 자부심과 신념을 가지고 "나는 사업가다."라고 말하는 것은 활력을 주는 아주 훌륭한 발언이다(지금 당장 시도해 보라. 무슨 의미인지 알겠는가?).

정체성은 이따금 은유로 표현되기도 하는데, 영업 사원인 아론Aaron은 자신을 '도로 공사용 증기 롤러'와 비견한다.

정체성을 이해하는 또 다른 방법은 자신을 이야기 속의 주인공으로 간주하는 것이다. 나는 누구인가? 나는 '나의 인생'이라고 하는 영화의 주인공이다. 이것은 TA의 '각본'이라는 개념에 의한 것이며, '영웅의 여정'이 왜 훌륭한 과정인지를 보여 준다. 그것은 우리에게 영감을 떠올릴 수 있는 훌륭한 조언자를 마련해 줄 뿐 아니라 우리가 모험을 두려워하지 않는 사람들임을 확인시켜 준다.

3) 신념, 가치 그리고 바람

이 장의 앞부분에서는 실제 상황에서의 신념과 가치에 대하여 언급하였으며, 이제는 이것이 얼마나 의미 있는 것인지 알게 되었기를 바란다. 신념, 가치 그리고 바람의 개념에 대하여 더 깊이 논의해 보자.

신념은 우리가 자신이나 세상에 관하여 실제로 진실이라고 생각하는 것이지만 사실 여부를 판단하기는 어려운 것이다(또는 실제로 언제나 확인 가능한 것만은 아니다.). 미래에 대한 희망, 우리가 할 수 있거나 혹은 할 수 없다는 것에 대한 신념들, 그리고 편견과 같은 해로운 것이 이에 속한다.

NLP는 신념을 '도움이 되는 것'과 '도움이 되지 않는 것'으로 구분한다. 만일 도움이 되는 것이라면 그 신념을 지켜라. 도움이 되지 않는다면 의문을 품고, 시험해 보거나 아니면 버려라.

가치는 옳고 그름과 중요하고 하찮은 것에 대한 발언이다. '당연히 해야만 한다.', '의무적으로 했어야만 한다.'와 같은 단어를 포함하고 있는 발언은 가치에 대한 발언이다. 거기에는 다른 사람들도 그 가치를 존중해야 한다는 의미가 내포되어 있다.

가치는 때때로 신념처럼 들리기도 한다. '진심은 중요하다.'는 말은 신념처럼 들리지만 사실 그것은 본질상 어떻게 해야만 한다는 주장이 아니라 도덕적인 발언이기 때문에 가치로 보는 것이 더 유용하다. 철학자들은 사실에 대한 발언과 가치에 대한 발언에 차이를 두는데, 우리는 그렇게 하는 것이 옳다고 믿는다. 그래서 우리는 신념과 가치의 두 가지 범주를 둔다.

가치는 '진심', '친절함', '효율성'과 같은 관념상의 명사로 표현되기도 한다.

바람은 우리가 원하거나 필요로 하는 것들이다. 여기서는 그 어느 것이라도 상관없다. 이것은 도덕적 가치가 아니다. "나는 프랑스 요리를 좋아한다."라고 말한다면, 그것은 다른 사람도 그래야만 한다는 뜻이 아니다. 또한 신념도 아니다. 그것은 나 자신에 대한 어떤 사실일 뿐이다. 내가 프랑스 요리를 좋아한다는 것은 논쟁거리가 아니다. 이 전제는 해협을 넘어 많은 식당에서 검증되어 왔다.

나는 그 영향력이 비슷하기 때문에 바람을 신념이나 가치와 같은 수준에 둔다. 때로 바람은 가치처럼 표현되기도 한다. "나는 평온함과 조용함을 좋아한다."라고 하면 마치 가치인 것처럼 보이지만, 그

발언에는 다른 사람들도 평온함과 조용함을 좋아해야만 한다는 뜻이 포함된 것은 아니기 때문에 가치와는 다르다. 내가 그렇다는 것 외에 다른 뜻이 없다. 그러므로 그것은 바람이다.

전통적으로 NLP는 가치와 바람을 구별하지 않는다. 하지만 나는 그것들을 구별하는 것이 좋다고 생각한다.

4) 능력

이것은 우리의 노련함이며 '실용적인 기술'에 대한 지식이다. 이것들은 걷기와 말하기처럼 기본적으로 타고나는 것에서부터 회계학이나 뇌수술과 같은 고도의 전문적 기술까지 다양한 범주를 모두 포함한다.

능력은 매우 많은 동기를 부여한다. 어떤 분야에서 우수한 사람들의 대부분은 그 기술을 활용하느라 매우 바쁘게 지낸다. 반대로 그와 같은 기술이 없는 사람들은 동기 부여가 되지 않는 것이 단점이다. 어떤 사람이 ○○을 하고 싶은데 하는 방법을 모른다면 대개 그 일에 흥미를 잃곤 한다(무척 복잡하거나 그 사람이 할 수 없는 것이 일부분일지라도 말이다.). 물론 사업가들은 그 일에 뛰어들어서 필요한 것을 터득한다.

5) 행동

이것은 우리가 선택한 기술들을 표현하는 것으로써 실제로 우리가 실행하는 것이다. 학습된 행동들은 '습관적'이라는 단어로 표현되듯이 강한 동기를 부여해 준다.

운동 코치의 대부분이 행동 수준에 속한다. 크리켓 코치가 타자에게 '후위를 통과하는 타구'를 가르치는 것이 이 수준에서의 작업이다. 발을 거기에 놓고, 공을 똑바로 쳐다보고, 포물선을 그리며, 방망이를 휘둘러라. 연습함에 따라 이 행위는 '근육 속에 축적된 지식'이 되어 자연스럽게 익숙해질 것이다.

6) 환경

이것은 우리 주변의 물리적이고 사회적인 것을 뜻하는데, 우리가 행동하고, 능력을 발휘하고, 신념과 가치가 통용되며, 바라는 것을 성취하고, 자아를 표현하고, 사명을 추구하는 '저 바깥세상'의 상황을 의미한다. 이 자체만으로는 최고의 수준에서 볼 때 별로 중요하지도 않고 낭만적으로 보이지 않을 수도 있으나 실제로는 우리에게 엄청난 영향을 미친다.

환경이 인간의 행동에 영향을 미치는 가장 중요한 요소라고 믿는 '상황주의situationism'라는 심리학파가 최소한 한 개는 있다. 1970년에 필립 짐바르도Philip Zimbardo는 유쾌하고 느긋한 성격의 학생들에게 죄수와 교도관의 역할 실험*을 했다. 그러나 이 실험은 심리적으로는 물론 심지어 신체적으로도 통제하기 불가능할 정도로 학대가 심해져서 며칠 후 중단해야만 했다.

환경이란 그 사람 주변의 모든 상황을 포함한다는 것을 잊지 마라.

---

* 역자 주: 필립 짐바르도의 '감옥실험'
1970년대 초 스탠포드 대학에서 이루어진 실험으로 자발적으로 참여한 실험 참가자들을 무작위로 뽑아 가짜 감옥을 만들고 교도관과 죄수의 역할을 하게 했다. 각자 역할에 맞는 의복과 소품이 제공되고 실험이 시작되자 그들은 단시간!에 역할에 빠져들었다. 평범한 대학생이었던 교도관들은 순식간에 조직적이고 잔인하게 죄수들을 다스렸고 죄수들은 실제 상황에 처한 것은 아닌지에 대해 의심을 품거나 정신적 충격으로 발작을 일으키기도 했다. 본래 2주 동안 실험할 예정이었으나 집단 광기와 폭동으로 인해 엿새 만에 중단되었다. 이는 사람의 심리가 상황에 따라 어떻게 달라질 수 있는지를 보여 주는 중요한 실험이었다.

자, 이 개념을 어떻게 다루어야 할까? 앞서 언급한 수준의 두 가지 해석과 간단한 진단적 도구, 그리고 인간 동기 부여 모델을 들여다보자.

진단도구를 가지고 '지금 그 사업을 시작할 수 없다.'는 발언을 예로 들어 보자. 앞에 열거한 수준들을 사용하여 우리는 이 발언을 분석하고 무엇이 문제인지를 찾아볼 수 있다.

- 사명? 내 인생에서 성취하려고 하는 것과 일치하지 않는다.
- 정체성? 나는 할 수 없다. 나는 그런 사람이 아니다.
- 신념? 내가 할 수 있다고 도저히 믿을 수 없다.
- 가치? 할 가치가 없다.
- 바람? 정말 하고 싶지 않다.
- 능력? 그것을 할 수 있는 기술이 없다.
- 행동? 사업을 시작할 수는 있지만, 그 사업은 아니다.
- 환경? 다른 곳에서 사업을 시작할 수 있지만, 여기서는 아니다.

나는 예전에 성장하고 있는 기업의 영업이사를 코치해 달라는 부탁을 받은 적이 있었다. 그 영업이사는 사업의 목적을 잘 알고 있었으며, 회사의 제품이 우수하고 판매할 가치가 있다는 믿음을 갖고 있었고(사명, 정체성, 신념, 가치), 영업하는 것을 자랑스러워했다. 그는 판매하는 것을 즐겼다(바람). 그에게 영업에 대한 교육이 필요할까(능력)? 아니다. 그는 실력이 있었다. 그가 판매할 때 이상한 행동을 하여 고객을 실망시켰을까? 그런 것 같지 않았다. 문제는 환경이었다. 그는 이전에 받던 것과 다른 수수료 제도 때문에 보상이 만족스럽지 않아 동기가 부여되지 않았던 것이다.

인간의 동기 부여 모델로서 수준의 두 번째 용도는 우리의 잠재력과 실제로 성취하는 것 사이에 있는 충돌을 감소시켜 우리 자신을 이해하고 적극적으로 '우리 자신을 분류'하는 데 있다.

지난 세기를 지배하였던 위대한 심리학 모형을 보자. 종교는 당연히 **사명**이 가장 중요하다고 오랫동안 가르쳐 왔으며, 그것은 개개인으로서의 우리를 넘어서는 것이었다. 근대의 심리학자로는 융Jung이 이 모델을 지지했다. 프로이트 학파는 우리가 자아(**정체성**), 이드(**욕망**, 특히 개인의 본능적 충동, **바람**) 그리고 초자아(**가치**) 사이의 갈등에 시달린다고 보았다(프로이트와 수준에 관한 것은 부록 A에 더 서술되어 있다.). 인지치료는 우리를 지배하는 것이 우리의 **신념**이라는 생각을 바탕으로 한다. 다른 심리학자들은 우리가 삶을 위한 기술이 있느냐 혹은 없느냐(**능력**)가 성공과 실패의 가장 큰 결정 요소라고 믿는다. 파블로프Pavlov나 스키너Skinner와 같은 행동주의자들은 학습된 **행동** 양식인 습관이 주된 행위의 동기라고 믿는다. 그리고 내가 이미 언급하였듯이 상황주의자에게는 **환경**이 가장 중요하다. 당신이 이 중 어떤 특정 모형에 사로잡혀 있지 않다면 이러한 모형의 진상을 파악할 수 있을 것이며, 서로 대립되는 동기 부여 가설이 얼마나 많은 충돌을 일으키는지 알게 될 것이다.

대부분의 경우 수준은 요소가 서로 독립적인 것처럼 작동한다. 모형을 좀 더 상세히 보면, 요소 간에는 **어떤** 커뮤니케이션과 영향이 있다. 그러나 이것은 상당히 제한적이며 '상위' 수준이 하위 수준에 영향을 미치는 '하향식' 규칙이 있다. 사명이 정체성에 영향을 주고 정체성이 신념, 가치, 바람 등에 영향을 준다. 철학자인 니체Nietzsche는 "살아야 할 이유가 있는 사람은 어떻게든 살아간다."라고 하였다. 그러나 이 규칙이 철칙은 아니다. 수준들은 상향식으로도 영향을 미칠 수 있다. 예를 들면, 악기 연습은 반복된 행위를 통해 능력을 키우는 것이고, 그에 따라 우리의 정체성과 사명에 영향을 준다("아름다운 음악으로 사람들을 행복하게 해 주기 위해 연주 연습을 한다면 나는 정말 잘 할 수 있을 것이다.").

논리적 수준

사명
- 때로는 '영적'이라고 부른다.
- 자신보다 더 큰 실체와의 관계
- 무엇을 위함인가?

정체성
- 나는 누구인가?

신념, 가치 그리고 바람
- 세상이 어떤가?
- 세상이 어떻기를 바라는가?
- 나는 무엇을 바라는가?

능력
- 내가 가지고 있는 기술들

행동
- 내가 하는 행위

환경
- 일이 벌어지는 곳

---

3. 당신을 변화시켜라: 7차원

코치로서 나는 사람들의 논리적 수준의 내용을 파악하고('시달리는 중역'의 예에서 여러 대의 전화를 통해 무엇을 동시에 강요당하는지), 전화를 통한 여러 가지 요구 사항이 동일한 메시지가 되도록 또는 최소한 일관성 있는 요구 사항이 되도록 그들의 수준을 조율하는 일을 한다. 후속 조치로 일어나는 변화 과정은 이와 같은 가치 있는 결과물을 얻기 위한 것이며, 효과는 그 이상이다. 또한 이 변화 과정은 당신의 비즈니스를 수준의 맥락에서 보게 할 것이며, 당신의 수준과 비즈니스의 수준 간의 차원을 검토함으로써 복잡하고 때로는 어려운 사업가와 그들의 비즈니스 간의 관계를 이해하는 데 도움을 준다. 이 과정은 미국의 심리학자인 켄 윌버Ken Wilber의 4사분면 모델과 같이 여러 가지 다른 모델과 함께 사용하며 건전한 상식 또한 사용한다!

이 과정은 매우 중요하므로 충분한 시간을 할애하라. 과정은 물론 여러 항목으로 나뉘지만 하루에 한 항목이면 충분하다고 생각한다. 나는 이것을 누적 과정이라고도 부른다. 체육관에서의 연습 과정과 마찬가지로 여러 번, 많이 할수록 좋다. 여러 해에 걸쳐 이 과정을 해 온 나는 아직도 그 과정이 통찰력을 주고 에너지를 절약해 주는 것을 느낀다. 공동 저자인 크리스는 다음과 같이 말했다. "어느 날 갑자기 나는 내가 목록을 작성한 가치들 중 절반은 내 것이 아니라는 사실을 깨닫게 되었다. 그래서 그것들을 목록에서 제외하였더니 그때의 해방감은 이루 말할 수 없었고 이전보다 훨씬 더 목록에 집중하게 되었으며 편안해졌다."

다음 페이지에 있는 워크시트를 사용하라. 이것을 복사해서 사용하거나 www.thinklikeanentrepreneur.com에서 무료로 다운로드받을 수도 있다(우리는 또한 부록 C에 완성된 워크시트를 예문으로 제시해 두었다.). 기다란 목록의 목표, 가치, 바람 그리고 자아 진술을 작업하기 위하여 연필과 종이 또는 컴퓨터가 필요할 것이다. 이 워크시트는 모든 과정을 한데 모아 놓은 요약표다.

이 표는 사명을 시작으로 하여 차원들에 따라 '하향식'으로 되어 있지만, 실제로 그 과정을 할 때는 상향식으로 하는 것이 가장 좋다.

	당신	당신의 비즈니스
사명		
정체성	중요도에 따라 순서대로 세 가지 정체성 진술: 비유:	입장에 대한 진술: 비유:
가치	세 가지 중요한 가치(순서대로)	사업에서 내가 원하는 세 가지
바람	내가 원하는:	사업에서 필요로 하는:
기술 스스로 점수 매기기	자발적 1 _____ 10 실질적 1 _____ 10 보호적 1 _____ 10 관계적 1 _____ 10	리더십 1 _____ 10 운영 1 _____ 10 재무/법률 1 _____ 10 영업/마케팅 1 _____ 10
목표	목표 1: 날짜 목표 2: 날짜 목표 3: 날짜	목표 1: 날짜 목표 2: 날짜 목표 3: 날짜
자산 스스로 점수 매기기	신체적 1 _____ 10 인적 1 _____ 10 재정적 1 _____ 10 지적 1 _____ 10	신체적 1 _____ 10 인적 1 _____ 10 재정적 1 _____ 10 지적 1 _____ 10

당신의 마음을 성공에 조율하기

1) 차원 1: 자산

당신이 소유한 중요한 자산 유형에 대한 목록을 조사하는 것부터 시작한다. 심사숙고한 후 각 유형을 만족도에 따라 1점(매우 빈약)부터 10점(매우 훌륭)으로 점수를 매겨라.

- **신체적 자산**　당신의 신체적 건강에 관한 것이다. 당신은 당신의 사업에서 가장 중요한 자산이다. 자신의 건강을 돌본다면 지속적으로 좋은 결과를 가져올 수 있는 체력을 갖추게 될 것이다. 강박관념을 가질 필요는 없다. 지나치게 방종하지 않고 일주일에 3시간 정도의 계획적인 운동이면 충분하다. 이것은 또한 당신에 대한 표현이다. 당신의 외모에 대하여 시간을 할애하는 것은 특히 전문가를 상대할 때 중요한 일이다. 많은 사업가에게는 좋은 양복 한 벌과 구두만 있어도 충분하다.

- **인적 자산**　'인적 자산'에 대하여 이야기하는 것이 좀 이상하게 들릴지는 모르겠지만 특히 개인에게서 건강이 중요한 자산인 것과 마찬가지로 좋은 인간관계 역시 중요하다. 사업가들은 오랜 시간 사업에 집중하다 보면 인간관계에서 많은 피로를 경험한다. 당신은 필요한 지원을 받고 있는가? 당신은 그러한 지원을 당연한 것으로 여기고 있는가? 감사의 표시를 하고 있는가? 또한 이것은 당신이 친구가 많다는 것을 보여 준다. 존슨Johnson 박사는 우정을 지속적으로 '개선'해 나가야 한다고 했다. 당신은 그렇게 하고 있는가?

- **지적 자산**　이것은 당신의 지식, 지혜 그리고 정신적인 민첩

함에 대한 것이다. 이에 대해 당신의 현재 상태가 아니라 지적 자산을 계속 성장시키기 위하여 무엇을 하고 있는지를 평가해 보라. 새로운 것을 배우고 당신의 지성을 지속적으로 향상시키는 것은 사업을 지속적으로 성공시키기 위한 정신적 민첩함을 갖추게 해 줄 것이다. 당신은 꾸준히 독서하고 연구하며 강연과 발표, 강의에 참석하고 있는가?

• **금융 자산**　사업을 시작하면 현금에 대한 부담이 커진다. 현재 당신의 재정상태는 어떤가? 당신 자신과 당신에게 의존하고 있는 사람들을 부양하기에 충분한가? 예금이 있거나 신용대출이 가능한가?

같은 질문을 당신의 사업에도 적용해 보라. 마찬가지로 당신 사업의 자산을 네 개의 항목으로 나누고 각 항목에 대하여 1점부터 10점까지 점수를 매겨 보라.

• **물질적 자산**　사업의 절차와 물질적 자산에 대한 것이며, 이것은 건강하거나 건강하지 않은 신체와 유사하다. 과정이 효율적인지, 소유하고 있는 비품들(컴퓨터, 복사기, 팩스, 프린터, 기계, 전화기 등)은 잘 작동하는지 또한 당신의 사무실은 일하기에 적합한지 등의 관점에서 보았을 때 당신의 비즈니스는 어떤 상태인가?

• **인적 자산**　당신의 자신을 포함한 당신의 직원에 대한 것이다. 업무를 잘 수행하는가? 그들에게 발전 가능성이 있어서 비즈니스가 성장하면 더 큰 역할을 맡을 수 있는가? 사무실의 분위기는 밝고

긍정적인가? 당신의 직원들은 문제가 생겼을 때 힘을 합하여 함께 해결하는가 아니면 지하에 숨어서 핑계를 대고 비난할 사람을 찾는가? 회사 밖도 생각해 보라. 사업에 중요한 회사 밖 사람들(고객, 공급자, '판매'과정에 관련된 사람, 조언자 그리고 당신에게 영향을 줄 수 있는 사람들)과의 관계를 생각해 보라.

• **금융 자산**　사람에게 산소가 필요한 것과 마찬가지로 사업에는 돈이 필요하다. 얼마나 많은 액수의 돈을 얼마 동안 활용할 수 있는가? 은행이나 투자자를 불문하고 단일 공급원에 대한 의존도가 얼마나 심한가? 어려운 시기가 오면 짧은 기간 내에 충분한 자금을 빌릴 수 있는가?

• **지적 자산**　두 가지 중요한 것이 있다. 첫 번째는 당신의 사업체가 시장 상황, 경쟁자들, 당신이 사업하는 분야의 경제적·사회적 상황에 대해 얼마나 알고 있는가에 대한 것이다. 두 번째는 당신의 비즈니스와 밀접한 관련이 있는 전문 지식을 가진 '정보 공급자information provider'다.

2) 차원 2: 목표

당신의 개인적 목표에 대한 목록을 만들어 보라. '자신의 비즈니스를 시작하기'와 같은 중요한 것부터 시작하라. 다음으로 큰 목표를 실현하기 위하여 완수해야 할 과제인 '하위 목표'로 분류하라. 이 분류는 매우 중요하다. 큰 구상을 갖는 것은 쉽다. 그러나 성공적인 사업가는 큰 구상을 한 번에 한 단계씩 밟아가면서 실현한다.

목표와 '하위 목표'를 세우고 나면 언제, 어떤 과제를 실행할지 계획을 세워라.

마지막으로 세 가지 중요한 목표를 선정하고 그 목표의 기한을 정해서 워크시트에 적어라.

다음으로, 당신 비즈니스에 대해서도 똑같이 해 보라.

- 사업의 중요한 목표를 세워라.
- 그 목표를 '하위 목표'로 분류하라.
- 어느 과제가 언제, 누구에 의하여 수행될 것인지 계획을 세워라.
- 세 가지 중요한 목표와 기한을 워크시트에 적어라.

이 작업에 대하여 느껴 보기 원한다면 대형 프로젝트를 방문해 보라. 나는 세인트팽크러스St. Pancras에 있는 새 유로스타Eurostar 터미널을 좋아한다. 파리를 방문할 기회가 주어지는 것도 좋지만, 그 거대한 계획 자체를 좋아한다. 초라하고 보잘것없는 역사를 최신의 국제적 교통망의 허브로 개조하는 모든 과정은 잘 계획되고 추진되었다.

3) 차원 3: 능력

여기서는 앞 장에서 소개한 운영, 재무, 영업 그리고 마케팅 능력 세트의 네 가지 리더십 개념을 활용한다. 이것은 우리 개개인이 가지고 있는 기술과 맞물려 그려질 수 있다.

- 일반적인 동기 부여와 결단력 (= '자발성')
- 실제로 '일을 완수'하는 기술

- 자기 수양이나 현명함과 같이 자기 자신과 사랑하는 사람들을 신체적 · 정신적 · 정서적 위험에서 지켜낼 수 있게 하는 '방어' 기술
- 다른 사람과의 관계를 창조하고, 정립하고, 유지하는 인간관계 기술

각각의 네 가지 분류에 대한 당신의 기술을 1점부터 10점까지 매겨 보고 당신의 비즈니스에도 다음을 적용해 보라.

- 리더십
- 운영
- 재무
- 영업과 마케팅

이 부분을 좀 더 다듬는 연습을 하고 싶으면 두 가지를 평가해 보라. 첫 번째 수준은 당신과 당신의 비즈니스가 필요로 하는 기술의 차원이며, 두 번째 수준은 당신이 이미 갖추고 있는 차원이다. 어디서 차이가 나는가? 이 차이에 대하여 어떻게 대처할 것인가?

4) 차원 4: 가치

우선 자신에 대한 가치 기준 목록을 만들어라. 종종 나의 고객들은 이 부분에서 막히곤 한다. 그렇다고 해서 그들에게 가치 기준이 없다는 것은 아니다. 단지 가치에 대하여 별로 생각해 보지 않았다는 것을 의미한다. 가치관의 상당 부분이 형성되는 시기에 어떤 기준을 세우고서는 그냥 계속 그 기준에 의하여 살아가고 있는 것이다. 이렇게

사는 것이 나쁜 것은 아니지만, 생각해 보지 못한 부분에서 모순된 가치가 생길 위험이 있다.

부록 B에 제시한 벤저민 프랭클린Benjamin Franklin의 가치 목록이 좋은 예다. 나는 목록을 작성하는 요령을 보여 주기 위해 인용한 것이지 그대로 따르라는 것은 아니다. 그의 목록은 현재에도 가치가 있어서 많은 독자의 관심을 끌지만 그것은 단지 그가 느꼈던 것이며, 당신은 당신을 표현할 수 있는 자신만의 목록을 만들어야 한다. 셰익스피어Shakespeare는 "너 자신에게 정직하라To thine own self be true."라고 했다.

다음으로 목록을 만든 후 각각의 가치에 대해 간단하고 '내용을 명확히 할 수 있는 문구'를 써라. 예를 들면,

통합 – 어떤 것에 대하여 옳다고 느끼며 그렇지 않으면 거부한다.

그리고 나서 중요도에 따라 순서를 정하라. 이 과정은 매우 중요하다. 사람에 따라서는 가치의 목록은 기꺼이 만들지만 '모두 중요하다.', '상황에 따라 다르다.', '마음이 변한다.' 와 같은 이유로 순서를 정하는 것을 좋아하지 않는 사람들이 있다. 괜찮다(순서가 정해질 때까지 마음이 변하는 대로 놓아 두라.)!

마지막으로, 가장 중요한 세 가지 가치를 워크시트에 적어라.

다음은 당신의 비즈니스에 대한 것이다.

이제 비즈니스의 문화에 대하여 논의하려고 한다. 1인 사업가에게 비즈니스의 가치는 거의 개인 자신과 유사하다. 그것을 비즈니스의 중심에 두어야 한다. 공정한 거래를 할지 아니면 무분별한 거래를 할지, 비싼 수제품으로 할지 아니면 싸구려로 할지와 같은 것은 비즈니

스의 성장과 함께한다.

　그러나 당신의 개인적 가치를 모두 비즈니스에 적용하기를 원하는가? 또는 같은 순서로 하기를 원하는가? '목록을 작성하고, 분명하게 하는 문구를 작성하고, 순서를 정하는 것'을 통해 비즈니스에 적용하고 싶은 가치를 생각해 보면서 한 번 더 연습하는 것이 중요하다. 너무 추상적으로 들린다면 이상적인 직원 한 명을 가정하고 그 직원이 갖추기를 원하는 가치에 대해 생각해 보라.

5) 차원 5: 바람

　가치와 마찬가지로 바람 또한 당신이 원하거나 필요한 것에 대한 목록과 명확히 하는 문구를 작성하고, 순서를 정할 필요가 있다. 중요하다고 생각하는 세 가지를 워크시트에 정직하게 적어라.

　그리고 마찬가지로 비즈니스에 대해서도 같은 작업을 하라. 비즈니스의 중심에 확고한 가치 기준을 두는 것이 좋지만 비즈니스에서 바라거나 필요로 하는 것은 빠르게 변하며, 무엇보다도 당신 개인의 것과 달라질 수 있다는 점이 중요하다. 비즈니스가 성장함에 따라, 당신이 원하는 것과 비즈니스가 원하는 것은 서로 다른 별개의 것이 될 수 있다. 이 과정을 주의 깊게 살펴보는 것은 매우 중요하다.

　비즈니스란 주주들이 원하는 것을 제공하기 위해 존재하므로, 만일 당신이 유일한 주주라면 비즈니스는 기본적으로 당신 자신에게 물질을 제공하는 수단이라고 경제 이론가들은 말한다. 그러나 그렇지 않다. 만일 당신이 그렇게 생각한다면 비즈니스는 곧 어려워지기 시작하고 실패하여 아무것도 공급할 수 없게 될 것이다. 비즈니스는 사람이 원하는 것과 같은 욕망은 없을 수 있겠지만, 비즈니스도 분명히 필요로 하는 것이 있으며, 그것이 충족되지 않는다면 큰 대가를 치르게 된다. 예를 들면, 사업주가 자신의 생활을 위하여 사업체의 돈을 이용하면서 갑자기 신용평가가 나빠지거나 세금을 내야만 하는 등 재정이 나빠진다면 비즈니스는 막다른 골목에 봉착하게 될 것이다.

당신의 비즈니스가 필요로 하는 것은 무엇일까?

6) 차원 6: 정체성

자신에 대한 몇 가지 문장을 써 보라. '나는 ……다.' 와 같은 목록은 보통 명사와 형용사로 구성된다. '나는 사업가다.', '나는 친구가 있다.', '나는 테니스 선수다.', '나는 영국인이다.' 등 그중의 몇 가지는 '나는 재무 담당자가 아니다.' 와 같이 부정적인 것일 수도 있다. 그러나 부정적인 것이 너무 많지 않게 하라. 당신은 진심으로 당신을 무엇이 아니라는 식으로 정의하고 싶은가? 다시 강조하지만 정직하라. 당신의 정체성은 **자신에게 가장 중요하다고 생각하는 것**에 관한 것이다. 어떤 것은 별로 감탄할 만한 것이 아닐 수도 있지만 그것도 당신의 일부라는 것을 인정해야 한다.

가치와 바람 각각에 대한 짧고 분명한 문구를 쓰고, 중요도에 따라 순서를 정하라. 순서를 정하는 절차는 목록을 작성하는 것과 마찬가지로 매우 유용하다. 당신이 코칭이나 상담을 받는 중이 아니라면 정체성은 아주 천천히 바뀔 것이다. 만일 그렇다 하더라도 기적을 기대하지는 마라. 그러나 크리스가 그랬듯이 정체성과 자기 인식에 대한 당신의 지각은 앞에서 설명한 변화 과정을 통하여 빠르게 변화할 수 있다. 앞서 그가 버린 것은 사실이 아닌 것으로 드러난 **정체성에 관한 신념**이다.

세 가지 중요한 항목을 워크시트에 기록하라. 그것은 모두 긍정적이어야 한다.

목록과 함께 자신에 대한 은유를 생각해 낼 수 있는가? 독수리? 평온한 오아시스? 한 잔의 샴페인? 사나운 코끼리?

그다음 당신의 비즈니스에 대해서도 동일한 과정을 적용해 보라. 정체성은 성공한 모든 기업의 중심에 있다. 당신의 것은 무엇인가? 당신이 하는 것은 무엇이고, 누구를 위한 것이며, 경쟁자들과 어떻게 다른가? 이것이 바로 마케팅하는 사람들이 포지셔닝이라고 부르는 것이며, 각종 매체를 통하여 당신의 정체성을 세상에 알리는 당신의 브랜드에 대한 생각으로 자연스럽게 유도되어야 한다.

당신의 비즈니스 정체성에 대한 은유를 생각해 보라. 흥미롭게도, 인간은 대개 우리의 정체성을 드러내는 것을 조심스러워한다. 심지어는 우리 자신에게까지도 말이다. 당신을 드러내고 정체성을 알리는 것에 대해 부끄러워하지 말아야 한다.

7) 차원 7: 사명

개인적 강령을 작성해 보라.

나의 고객들에게 이것을 해 보라고 하면, 대부분은 이 작업을 두려워하거나 '많은 생각'을 해야만 한다고 느끼며 난처해한다. 나는 그들에게 다른 차원에서 작업한 것들을 되돌아보게 하고, 편안한 마음을 갖고 '순간적으로' 떠올려 보라고 한다. 이렇게 해서 떠오르는 생각들은 아마도 대부분 적절한 것이다. 만일 그렇지 않다면 더 좋은 생각이 떠오를 때까지 다시 해 보면 된다.

내가 이 과정을 처음 시도했을 때 나는 시골의 멋진 호텔에 가서 다른 차원들과의 유사점을 돌이켜 보며 이틀 정도를 보냈다. 그러다가 어느 순간 갑자기 영감이 떠올랐고 술술 써 내려갈 수 있게 되었다. 그리고 이것을 바탕으로 내가 한동안 사용했던 강령을 만들 수 있었다(여러 해가 지난 후 고쳐야 할 필요를 느껴서 강령을 수정하였다.).

당신의 사명이 꼭 글로 표현되어야 하는 것은 아니다. 그림이나 소리 혹은 느낌으로 표현되는 것도 동일한 효과가 있다. 예를 들면, 한 고객은 가까운 친구들과의 단체 사진을 보여 주었는데, 그 사진을 떠올릴 때마다 삶의 목적을 느끼게 된다고 말했다. NLP 관점에서 보면 사명은 단순히 하나의 '상태'(마음의 상태)이며, 당신을 그 상태로 들어갈 수 있게 하는 앵커다. 그러므로 당신이 그 상태에 도달하도록 하는 어떤 자극도 유효하다.

강령 혹은 **사명 앵커**는 다음과 같아야 한다.

• 반복할 수 있는 것으로 하라.
• 다른 차원 모두를 당신 삶의 목적과 연결하라.

사명 앵커를 만들었고 그것에 만족한다면 글로 기록하고, 비언어적인 것이라면 워크시트에 간단히 묘사하라.

이제 당신의 비즈니스에도 동일한 과정을 적용하라. 요즈음은 대부분의 비즈니스가 강령을 가지고 있지만 형편없이 단조로운 것이어서 쓸모없는 경우가 많다. 이런 것이 아니라 가치 있는 것을 만들어라. 무엇을 변화시키고 싶은가? 현재의 상황은 당신을 짜증나게 할 수도 있다. 간단하면서도 의미 있는 대답을 하라. 나는 레블론Revlon 사 창업자의 "우리는 화장품을 팔지 않는다. 우리는 희망을 판매한다.”라는 강령을 좋아한다. 너무 상업적으로는 말하지 말자. “상호 관계적이며, 시장 중심적이며 끊임없는 진취성의 기반에 의한 고객의 경험을 증대하기 위하여…….”와 같은 문구는 사절이다.

비즈니스의 정체성과는 달리, 사명은 내부용으로서 좀 더 사적인 것이다. 흥미롭게도 이것은 사람들이 사명에 대해서는 이야기하지만 정체성을 드러내지 않는 것과 같이 대부분의 일반적인 사람의 사생활과는 정반대다.

당신의 개인적 사명과 비즈니스의 사명에 대한 은유를 고려해 보는 것도 좋을 것이다.

이제 워크시트를 완성했다. 검토해 보면서 다음을 고려해 보라.

1 1점부터 10점까지 점수를 매긴 항목 중, 가장 낮은 점수를 받은 항목은 무엇인가?

2 당신의 수준 중 불균형이 나타난 항목은 무엇인가?

3 비즈니스의 수준 중 불균형이 나타난 항목은 무엇인가?

4 개인과 비즈니스 간에 충돌이 일어나는 수준이 있는가?

전형적으로 불균형은 자산이 별로 없음에도 개선할 목표를 갖지 못하는 개인이나 비즈니스에서 나타난다. 또 다른 경우는 개인이나 회사가 달성할 능력을 갖추지 못한 목표들이다. 고상하게 들리는 사명이나 정체성 선언서들은 사소하거나 단기적인 목표들로 뒷받침될 수 없다. 또한 화려해 보이는 사명이나 정체성은 이기적인 욕망들로 채워진 가치 없고 긴 목록 때문에 공허하게 보일 수 있다.

사업가들은 비즈니스를 통해 자신의 약점을 발견하곤 한다. 나는 정체성 차원에서 자신은 '영업 사원'이 아니라고 하는 고객들을 만나곤 한다. 그들의 비즈니스를 들여다보면 영업과 마케팅 능력이 낮은 것을 볼 수 있다. 지금은 그 능력을 강화해야 할 시기다. 문제를 해결하고 해야 할 일을 하기 바란다.

이와 같은 강력한 훈련은 당신의 성과를 저하시키는 간섭을 배제하면서 당신의 자기계발에 도움이 될 것이다. 마찬가지로 당신의 비즈니스에도 도움이 될 것이다. 무엇보다도 비즈니스가 성장함에 따라 나타나는 사업가와 비즈니스 간의 차이를 이해하고 해결하는 데 도움이 될 것이다. 우리는 모두 자신의 이기심을 비즈니스에서 분리하는 법을 배워야 한다. 그러는 동안에 자랑할 만한 것, 스스로 생명이 있는 것을 만들어 내게 될 것이다. 동시에 우리는 우리의 창조물이 우리를 지배하는 결과가 일어나지 않도록 주의해야 한다. 우리는 우리의 정체성과 가치 등을 소중히 여기고 보호할 필요가 있다.

당신의 마음을 성공에 조율하기

■ **신념과 가치**

- 위험 – 위험을 계산하고 관리하기
- 의사 결정 – 늘 필수적임, 사업가 칩 만들기
- 행운 – 기회를 만들고, 준비하고 후속 조치 취하기
- 관행 – 직원을 위해 설계하기, **당신의 길을 찾고 추구하기**

■ **개념: 논리적 수준**

- 동기 부여는 여러 곳으로부터 옴
- 사명, 정체성, 신념, 가치와 바람, 능력, 행동, 환경

■ **당신을 변화시켜라: 7 차원**

- 당신과 비즈니스의 수준을 검토하라.
- '차이점'과 불균형을 찾아보라.
- 당신과 당신의 비즈니스 간에 필요한 것이 어디에서 일치하고 또 어디에서 차이가 나는지 이해하라.
- 생활화하기: 정기적으로 재검토하고 수정하라.

기회와 몰락 04

04

기회와 몰락

Think Like an Entrepreneur:
Your Psychological Toolkit for Success

이 장에서는 행운의 기회를 활용하기 위해 당신이 해야 할 일에 대해 설명할 것이다. 또한 시련으로부터 살아남는 것에 대해서도 이야기할 것이다. 어떤 면에서 이 두 가지는 비슷하다. 급진적으로 다른 것을 해야 할 필요가 있고 빨리 실행해야 하기 때문이다! 나는 사람들이 왜 자신의 성공을 고의로 무너뜨리는지, 그리고 어떻게 그 덫에서 빠져나올 수 있는지에 대해서도 설명하려 한다. 마지막 부분의 변화 과정은 다년간의 내 경험과 프로젝트 관리(새롭고 빠른 행동이 요구될 때 자신의 역량을 충분히 발휘하는 기술)를 바탕으로 하였다.

1. 행운의 기회

행운에 관한 사업가들의 신념에 대해서는 이미 이야기하였다. 우리는 우리에게 행운이 따른다고 생각하기도 하지만, 또한 행운이 찾아오도록 열심히 노력하기도 한다. 그러나 막상 행운이 찾아왔을 땐, 앞서 설명한 어떠한 생각들로도 실질적으로 행운을 잡기에는 부족하다. 행운을 커다란 기회로 만드는 방법은 특별한 사업가적 수완에 달려 있다고 할 수 있다.

첫째, 당신은 행운의 기회를 **발견**하고, 그것이 정말로 큰 기회라는 것을 재빨리 알아차려야 한다. 이것은 두 가지를 의미한다. 그 기회는 중요한 것이며 당신이 그것을 잡을 수 있는 범위 안에 있다는 것과 기회의 경쟁에서 '유리한 입장'(혹은 심지어 경쟁에서 당신이 유일한 사람이라는 것)에 있다는 것을 아는 것이다.

둘째, 당신은 행운의 기회를 **붙잡아야** 한다. 당신은 기회를 보자마자 그것을 얻기 위해 모든 것을 내려놓아야 한다.

음향장치 사업가인 브라이언은 "나는 내게 좋은 기회가 주어지면, 가차 없이, 그리고 집요하게 그 기회를 추구합니다. 나는 절대 포기하지 않아요."라고 하였다. 그는 자신의 회사가 어떻게 '글로벌 기업이 되었는지'를 이야기했다. 그는 컨퍼런스에서 그의 제품을 세계적으로 보급하는 데 관심이 있다고 말하는 주요 제조업체의 중견 관리자를 만났다. "나는 뼈다귀를 물면 놓치지 않는 개와 같았어요. 그들을 통해 그 회사의 책임관리자를 만날 약속을 했지요. 나는 중역들을 만나기 위해 미국으로 건너갔고 그들이 계약해 줄 때까지 졸랐습니다. 물론, 우리 물건이 완벽하다는 것을 확인시켜 줬지요……."

몇 년 뒤 나는 부동산 사업에서 큰 기회를 만나게 되었다. 내가 알고 있던 한 개발자가 내가 알고 있는 또 다른 큰 회사에 의해 인수되었다. 내가 알기로는 인수된 회사는 큰 규모의 사업에 어울리지 않는 자산 포트폴리오를 가지고 있었다. 이것을 듣는 순간, 나는 이 분야에서 잠시 일하게 될 것이라는 예감과 함께 부동산을 구매하기엔 더없이 환상적인 기회라는 것을 알았다. 인수를 한 큰 회사는 현금자산을 증가시키고 적합하지 않은 포트폴리오에서 벗어나고자 할 것이다. 그래서 나는 큰 회사의 지인에게 전화를 걸었고, 아니나 다를까 그들은 부동산을 처분하고 있다고 말했다. 그리고 그 거래는 이미 매우 저렴한 가격에 이루어지고 있었다. 내 지인은 계속해서 이 거래의 수혜자가 이전의 직원이라고 말했다.

이것은 거래가 '대단한 것'이 되는 순간이었다. 나는 갑자기 내가 유리한 입장에 설 수 있는 한 개 이상의 요소를 갖게 되었다.

1 나는 나의 경쟁자들이 모르는 시장상의 포트폴리오를 안다.
2 나는 가격을 안다.
3 만약 내가 이전의 직원들이 제시한 것보다 약간 높은 가격으로 입찰한다면 회사는 당연히 내 제안을 받아들일 것이다. '내부자'로부터의 좀 더 낮은 가격 제안을 받아들일 경우 책임자가 심각한 곤란에 처할 수 있기 때문이다.

이제 움직일 시간이다. 첫째, 나는 내가 할 수 있는 한 이 거래에 관한 좀 더 많은 정보를 모았다. 나는 거래 조건에 대해 알아야 했지만, 특히 그들이 이와 같이 일상적이지 않은 방식으로 행동해 온 이유에 대해서도 알아야 했다. 이를 통해 경쟁적 구매자를 이길 만한 모든 것을 갖출 수 있었다. 그리고 곧 이 모든 것이 스피드와 관련된다는 것을 알았다. 그들은 하반기 10일 안에 지불을 원했다. 나는 잠시 망

설였다. 정말로 적절한 대안을 찾기에 너무 늦진 않을까? 그러나 아주 잠깐이었다.

내가 처음으로 한 일은 그룹 재무 담당자에게 보낼 팩스 문서를 만드는 것이었다. 제대로 만들기까진 시간이 좀 걸렸지만, 그럴 만한 가치가 있었다. 요지는 매우 간단했다. 나는 대안적이면서도 좀 더 나은 제안을 제시하였고, 이 상황의 진상을 조목조목 짚었다. 적절한 어조를 사용하는 것이 어려웠는데, 친근하지만 동시에 반드시 나와 거래를 해야 한다는 내용을 담아 강압적인 느낌을 줄 필요도 있었다. 나는 제일 앞면에 '꼭 읽으십시오READ THIS.'라고 적어서 보낸 후 답변을 기다렸고, 다음 날 바로 답변을 들을 수 있었다.

물론, 내가 투자금을 마련하지 못한다면 나의 모든 정보 수집과 팩스 문서 제작은 물거품이 될 것이다. 나는 은행으로 가서 이 거래를 위한 대출을 요청했고 대출 담당자에게 가서 포트폴리오의 빠른 평가를 부탁했다. 변호사에게는 지금 하던 일을 당장 멈추고 그 회사로 가도록 해서 협상을 하는 10일간 효과적으로 일을 처리하게 했다. 이 계기로 내 회사는 작은 규모에서 엄청난 거물급은 아니지만, 훨씬 좋은 자산을 가진 회사로 탈바꿈하게 되었다.

이 이야기에서 배울 수 있는 것은 무엇일까? 단지 행운이었을까? 아니다. 나는 그 거래를 알아냈고 그것이 얼마나 좋은 기회인지를 이해했다. 빨리 행동해야 했다. 악착같아야 했다. 무엇보다도 두 회사와 전문가 집단을 접촉하지 않았다면, 그들이 나를 좋아하고 신뢰하지 않았다면, 나를 위해 '그렇게 되도록' 특별한 노력을 기울인 준비된 전문가들이 없었다면, 아무런 일도 일어나지 않았을 것이다.

나는 사업가들이 그들의 비즈니스 기반과 시장에 대한 이해와 인

맥을 어떻게 차근차근 구축해 왔는지, 그리고 어떻게 적절한 시기와 적절한 기회에 도약하여 기회를 양손에 움켜쥐게 되었는지에 대한 비슷한 이야기를 많이 들어 왔다.

물론, 이와 같은 거래는 매우 드물다. 그래도 당신은 사전에 좀 더 작은 거래들을 수없이 수행하면서 어떻게 해야 할지를 배워야 한다. 그렇게 하다 보면 기회를 발견하고, 성사시키고, 사후 점검하는 비즈니스의 모든 과정이 자동적으로 이루어진다. 작은 기회를 많이 가질수록 시야에 들어온 큰 물고기를 좀 더 빨리 잡을 수 있다.

나는 레스토랑에서 피카소Picasso를 만난 한 예술 애호가가 냅킨에 그림을 그려 달라고 요청한 일화를 좋아한다. "이건 만 달러짜리에요."라고 피카소가 말하자, 예술 애호가는 "그렇지만 그건 고작 2분밖에 안 걸렸잖아요."라고 대답했다. 피카소는 "부인, 그렇지 않습니다. 제겐 40년이 걸린 일이랍니다."라고 응수했다.

작은 거래를 무시하지 마라. 그것은 미래의 더 큰 거래를 위해 유익하며, 또한 큰 거래를 준비하는 유급의 수습기간을 의미한다. 도시의 좋은 직장에 다니다가 사업가가 된 사람들은 이러한 충고를 무시하곤 한다. 그들은 "만약 2,000만 파운드 이하의 거래라면, 관심 없습니다."라고 말한다. 그것은 자만심이며, 실패하는 것이 당연하다. 그리고 종종 그렇게 되곤 한다.

해결해야 하는 수많은 작은 거래를 거치고 나면 커다란 기회가 따라올 것이다. 사업가에게 중요한 신념은 **풍요로움**을 생각하는 것이다. 열심히 일하고 그 분야의 전문가가 된다면 그러한 기회가 많이 찾아올 것이다. 반면, 많은 사람은 빈곤함을 생각한다. 특히 경제적인 부분에서 그렇다. 빈곤은 경제학 이론에서는 의미가 있다. 그렇지만 적어도 내 경험상 빈곤은 삶의 부정적인 견해를 가져올 뿐 아니라 사실적이지도 않다. 빠르게 변화하는 우리의 생산적인 세계는 언제나 그것을 추구하는 창조적이고 똑똑한 사람들에게 기회를 제공한다.

좋다고 생각하는 거래를 단지 자금이 부족하다는 이유로 포기하지 마라. 비즈니스 경력 초기에 나는 좋은 거래 기회를 잡았지만 자금을 충당할 방법이 떠오르지 않았다. 나는 어느 때와 마찬가지로 멘토인 아버지에게 이것을 상의했다. 아버지는 "만약 그것이 정말로 좋은 거래라면, 일단 제안서를 넣고 그다음에 돈을 걱정하라."라고 말씀하셨다(어쨌든 제안서들은 언제나 '계약을 조건으로' 한다. 연달아 계약을 취소하여 나쁜 평판을 받고 싶지 않더라도 정말로 자금을 구할 수 없다면 언제든 한걸음 물러날 수 있다. 하지만 내 경험상 정말 괜찮은 거래라면 사업가는 어떻게든 자금을 구할 수 있을 것이다.).

거래를 처리할 때에는 주의해야 할 사항이 있다. 브라이언은 자신의 글로벌한 거래가 최상으로 이행되었다고 확신했다. 당신도 그래야 한다. 우리 모두는 거대한 뱀이 영양과 같은 커다란 동물을 꿀꺽 삼키고 천천히 소화시키는 그림을 본 적이 있을 것이다. 만약 다른 생물이 이를 시도했다면 자신에 비해 먹은 것이 너무 크기 때문에 질식하고 말 것이다. 커다란 뱀이 되어라. 이를 위해서는 좀 더 큰 파트너를 만나라.

나는 영국에서 가장 큰 자산을 가진 회사 중 하나와 협력 관계를 유지하고 있는 사업가를 알고 있다. 나는 그에게 처음부터 어떻게 이러한 거물들과 알고 지냈는지를 물었다. 그는 혼자서 처리할 수 있었던 괜찮은 거래를 발견했지만 그 거래를 거의 선물처럼 그들에게 제안했다고 했다. 그 회사는 거기에 투자했고 그는 거래를 수행했으며 양쪽 모두 수익을 얻을 수 있었다. 이후 그 회사는 그와 알게 된 것을 좋아했으며 그를 신뢰했기 때문에 좀 더 큰 거래들을 그에게 맡겼다. 이와 같은 방식으로 그는 부를 축적할 수 있었다.

어떤 사람들은 한 분야에 몸담고 있어서(그리고 그 분야의 전문지식을 획득했기 때문에) 갑자기 굉장히 좋은 거래를 만나기도 한다. 나와 같이 일했던 직원 중에서도 이러한 사례가 있다. 이렇게 돈을 버는 것을 '잘못되었다'고 생각하지 마라. 당신은 당신의 지식을 쌓아 왔다. 그저 의뢰인을 만나 당신의 고용 계약과 당신이 할 수 있는 것과 할 수 없는 것에 대해 이야기하라. 이번만은 여기에 '적절한' 신중함이 필요하다. 그리고 올바른 태도를 가지고 가야 한다는 것을 기억해야 한다. 당신의 질문은 '이것이 가능할까요?'가 아니라 '주어진 법규와 계약에 따라, 어떻게 내가 이것을 할 수 있을까요?'여야 한다.

NLP에서 이것은 **결과도형**outcome frame을 사용하는 것이라고 한다. 내가 원하는 것이 무엇이고, 어떻게 그것을 얻을 수 있느냐에 관한 것이다. 다른 사람들은 종종 과정이 어떻게 진행되는지에 대한 실제적인 감각 없이 삶을 그저 분류해야 하는 문제의 일련으로 보는 '문제도형problem frame'으로 생각하는 데 반해, 사업가들은 대부분 결과도형을 사용하는 경향이 있다.

다른 유용한 사고는 '~인 것처럼'이다. '좋아, 당신은 ○○을 할 수 없다고 말했어요. 그렇지만 당신이 ~을 할 수 있다고 가정한다면……' 등의 접근이 이전에 해결하기 어려웠던 문제에 대해 얼마나 새로운 해결책을 제시하는지는 주목할 만하다.

2. 커다란 시련

논란의 여지는 있지만, 커다란 기회를 붙잡는 것만큼이나 커다란 시련을 극복하는 것도 중요하다. 시련은 대부분의 비즈니스에서 발생하며 기회를 잡고 운영하는 당신의 능력만큼이나 당신의 사업가 자질에 대한 강력한 시험이 된다.

무언가 잘못되고 있을 때에는 다음과 같은 것을 하지 말아야 한다.

- 공황 상태
- 압도되어 어쩔 줄 모르기
- 우울의 나락으로 빠져들기
- 은행의 도움 구하기
- 누군가(특히 가족이나 파트너)에게 분풀이하기

대신에 다음과 같이 하라.

- '자신의 행동에 책임을 지고' 필요한 일을 하기
- 당장 필요로 하는 행동을 즉시 취하기
- 혼란이 진정되고 완전히 정리될 때까지 집중적으로 활동하기

- 다시 수익을 낼 수 있는 다른 방법을 찾기
- 지금 일어나고 있는 상황에 대해 가족에게 설명하기

나는 이것들 중 여러 가지를 경험해 왔다(그리고 살아남았다.). 최악의 상황은 비즈니스가 빠르게 성장하고 있으며, 모든 일이 잘 되고 있다고 여겨 '한눈을 팔았던' 순간이다.

그렇다. 우리는 빠르게 성장하고 있었지만 이에 걸맞은 팀이나 시스템, 관리의 수준까지 성장시켜 온 것은 아니었다. 사실상 의욕은 떨어지고 있었다. 우리의 당좌대월 요건이 까다로워지고 있었으며 일은 잘 풀리지 않고 있었다. 고전 영화의 각본처럼, 나는 어느날 갑자기 비교적 사소한 사건으로 인해 현실을 볼 수 있는 '인식의 상태 전환'을 할 수 있었다(나는 우연히 분노와 욕설로 가득한 회사 내부 이메일을 보게 되었다.). 그것을 약간 파헤쳐 보고 나니 우리가 허우적대고 있는 구멍이 무엇인지 순식간에 알아차릴 수 있었다.

나는 정말 필요할 때를 기다리면서, 우리 대다수에게 있지만 숨겨져 있어서 마치 몇몇 사람만이 갖고 있는 것처럼 보이는 열정적인 에너지로 열심히 일하기 시작했다. 이것은 매우 기본적인 생존 에너지였다. 첫째, 나는 당장 필요한 행동을 취했다. 능력을 보여 주지 못한 몇몇 사람은 회사를 그만두어야 했다. 팀의 나머지 사람들에게는 내가 잘 제어하고 있으며 잘 해결할 것이라는 안도감을 줄 필요가 있었다. 나는 회의를 열었고, 이것을 모두에게 말했다. 이것이 진실이라는 것을 알 만큼 그들은 나를 알고 있었고 나와 함께 시련을 이겨냈다. 나는 자금 상태를 점검하기 위해 은행을 방문했다. 우리 회사는 20년 동안 거래해 온 우수고객이었음에도 불구하고 은행은 우리를 도와주지 않았다. 따라서 나는 필요한 돈을 모으기 위해 자산을 '특가'로 처분해야 했다. 그다음 은행 지점장에게 전화해서 나에게 좀 더 나은 담당자를 소개해 달라고 요청했다(은행은 그들의 신용을 위해 그렇게 해 주었고, 그 담당자는 훌륭했으며 지금까지도 우리와 함께 일하고 있다.).

이러한 작업들은 본질적인 구멍을 메웠다. 그럼에도 불구하고 만약 비즈니스가 나쁜 상황으로 계속 흘러간다면 무언가 잘못된 것을 하고 있기 때문이다. 따라서 이것 또한 해결할 필요가 있다. 모든 면에서 말이다. 나는 전체 직원들의 업무가 무엇인지 어떻게, 왜 하는지를 조사하면서 두 달 동안 매일 18시간씩 일했다. 나는 개별 업무 관리와 재무 보고를 위한 새로운 시스템을 디자인하고 실시했다. 어떤 부서가 새로 필요한지를 정확히 분석했고, 그 부서를 채우기 시작했다. 모든 것이 다시 순조롭게 돌아가기 시작했을 때 나는 비로소 쉴 수 있었다.

또 다른 고난의 시기는 갑자기 시장 상황이 나빠졌을 때. 1990년대 초에 갑작스러운 신용 위기가 있었다. 나는 18%의 대출 이자를 물어야 했고 손실을 보게 되었다. 많은 비즈니스는 이와 같은 순간에 실패하지만, 진정한 사업가는 항상 이런 종류의 '외적' 위기들로부터 고군분투하는 방법을 찾아낸다. 심지어 그 과정에서 갖은 고생을 한다고 할지라도 말이다.

나는 방도를 찾기 위해 필사적으로 일했고, 은행으로부터 압류된 부동산의 일부를 되찾아서 팔 수 있는 법적인 허점을 찾으려 했으며, 이것은 (단지) 빚지지 않고 사업을 유지할 수 있게 해 주었다.

이와 같은 시기에 당신은 약간 미친 사람처럼 보일지도 모르며, 그렇기 때문에 파트너나 가족으로부터의 이해와 지지가 필수적이다. 하지만 그들은 당신의 마음을 읽을 수 없다는 것을 기억하라. 그들로부터 이해와 지지를 얻을 수 있는 가장 좋은 방법은 요청하는 것이다. 그리고 당신도 그들을 이해하고 있어야 한다는 것을 기억해야 한다. 이와 같은 상황은 당신이 마치 호랑이 위에 올라 타고 있는 것과 같다. 그러므로 언제든 집에 들어갈 때는 호랑이를 밖에 묶어 두어야 한다.

3. 개념: 사보타주(파괴 행위)

이것은 비즈니스가 큰 기회를 잡고 정말로 성공하기 시작할 때 갑자기 나타날 수 있는 이상한 현상이다. 사업가는 갑자기 모든 것을 무너뜨리고 실패하게끔 하는 일이란 일은 모두 찾아서 하는 것처럼 보인다.

닉Nick은 사업가 집안 출신이었다. 그는 사업을 시작하고 꾸려 나갈 때 집안의 패턴을 따랐다. 그는 어느날 갑자기 살이 찌고 아프기 시작했다. 그리고 '이 모든 것으로부터의 스트레스를 없애기 위해' 나를 찾아왔다. 그는 자신의 비즈니스 인생에서 반복되는 패턴들(숨겨진 심리적 역기능)에 대해 이야기했다. 그는 네 번째 비즈니스를 하고 있었다. 이전의 비즈니스는 모두 어느 수준까지는 그의 사업가 칩이 잘 작동하여 순조롭게 출발했지만, 그러다가 곧 실패했다. 매번 성공에 가까워질 때마다 핵심 인물과의 사이가 벌어졌고, 결국 비즈니스를 접게 되었다. 이번에도 아직까지는 성공적이지만 갑자기 같은 패턴으로 향하기 시작했다. 이유가 무엇일까?

코칭보다는 좀 더 치료적인 관점에서 보았을 때, 닉에게는 가족의 온화함 이면에 숨어 있는 아버지에 대한 견딜 수 없을 만큼의 분노가 있었다. 그는 아버지처럼 되지 않기를 바랐다. 아버지가 성공적인 사업가였다는 사실은 자신의 비즈니스를 파괴하는 것을 의미했다. 그러나 한편으로는 돈이 부의 창출이라는 사회적 가치와 개인적 가치의 표시라는 것을 믿고 있었다. 그래서 그는 그레고리 베이트슨 Gregory Bateson이 명명한 '이중구속double-bind' 안에 자신을 가두고 있었다. 이중구속은 어떤 하나를 선택해도 비난받고 다른 것을 선택해도 비난받으므로 아무것도 하지 못하게 되는 심리적인 패배 상태를 말한다.

- 부자가 되어라 = 아버지 같이 되어라 = 우웩!
- 가난하게 살아라 = '무언가가 되는 것'에 실패 = 쓸모없는 인간 쓰레기, 잠재력의 낭비, 사회적인 기생충 등

많은 사람이 이러한 이중구속 때문에 난처해지는 것을 발견할 수 있다. 일부 심리학자들은 이것이 사람을 미치게 할 수도 있다고 주장한다. 이 과정에 대한 잔혹한 묘사를 보려면 레잉R. D. Laing의 연구를 참조하라.

반대로, 매우 이성적인 독자는 '닉은 정말 멍청하군. 왜 자신의 생각을 있는 그대로 받아들이지 못할까?' 하고 생각할 수 있다. 글쎄, 그것이 바로 우리가 했던 일이다. 닉은 현재 다시 비즈니스를 꾸려나가고 있으며 자신의 정체성에 대해 확신을 갖게 되었다(그리고 아버지가 어떠했는지에 대해서는 절대 신경 쓰지 않는다. '아버지는 아버지

고 나는 나다.').

하지만 '자신의 생각을 솔직하게 받아들이는 것'은 쉬운 과정이 아니다. 또한 잠재의식을 돌아다니는 깊은 심리적 문제가 있을 때는 거의 불가능하다. 인간의 잠재의식은 상호간에 양립할 수 없는 생각들을 붙들고 있고, 세계대전과 같이 무시무시한 소모전으로 서로가 서로를 공격하게 하는 데 매우 능숙하다.

다른 이슈들이 좀 더 깊은 '저주 깨뜨리기'를 요구한다고 할지라도, 앞에서 살펴본 7차원은 그러한 문제를 풀기에 매우 훌륭한 도구다. 제7장 마지막의 '재각본 과정'을 참조하기 바란다.

4. 당신을 변화시켜라 : 사업가적 계획

전투를 준비할 때, 언제나 계획은 쓸모없다는 것을 발견하게 되지만, 계획은 필수불가결한 것이다.

– 아이젠하워Dwight D. Eisenhower

만약 당신이 계획표를 가지고 있지 않다면, 당신은 무관심한 것이다.

– 로비 스타인하우스Robbie Steinhouse

계획은 사업 성공의 핵심이다. 자신의 성격에 의해 틀림없이 '무엇인가 되게 만드는' 카리스마적인 사업가의 이미지는 잊어라. 성공적인 사업가들은 계획에 따라 일을 진행시키므로 적당한 일이 적절한 시기에 이루어진다. 따라서 계획을 세우는 것은 당신이 비즈니스를 시작하는 첫 순간부터 해야 하는 일이다. 이 장에서는 이러한 기술에 대해 설명할 것이다. 계획은 언제나 중요하지만, 커다란 기회를 추구하거나 일이 잘 풀리지 않아 일에 치일 때 특히 구원자의 역할을 한다. 사람들은 종종 이와 같은 결정적인 순간에 '크게 생각하라.' 그리고 '창의적으로 하라.'고 조언한다. 물론 그것도 도움이 되겠지만 크고 창의적인 생각이 만들어지고 나면 가차 없이 결과를 산출해야 한다.

계획이 지나치게 복잡할 필요는 없다. 간단한 목록이야말로 어마어마하게 강력한 것이다. 나는 시간관리 과정을 이것을 통해 어렵게 (그리고 비싸게) 배웠다. 어느 날 이 수업을 듣고 집으로 돌아왔을 때 나는 아내가 오랫동안 이러한 방식으로 집안을 꾸려오고 있었다는 사실을 알고 감탄할 수밖에 없었다.

마음속에 떠오르는 것을 기록할 수 있도록 언제나 메모지와 필기구를 지니고 다녀라. 당신이 사업을 시작하거나 가정을 꾸릴 때에는 아마도 두 가지의 간단한 목록이 필요할 것이다. 하나는 지금 당장 해야 할 것에 대한 목록이고, 다른 하나는 시작하기를 원하는 프로젝트의 '소망 목록'이다.

다음의 과정을 마치고 나자, 나는 이제까지 내 머릿속의 아주 간단한 시스템에 무언가를 마구잡이로 쌓아두고 있었다는 것을 발견했다. 이 과정은 '하드 드라이브' 속의 필요 없는 데이터를 삭제해 주었고 사업가 칩이 좀 더 효과적으로 돌아가게끔 했다. 또한 내가 좀 더 휴식을 취할 수 있도록 했고, 이로 인해 나의 건강과 안녕은 크게 향상되었다(행동 수준의 변화가 가장 유용한 중재다.).

다음과 같이 매 주를 시작해 보라. 이것을 수행하기 전까지는 아무 것도 하지 마라.

1 당신의 7차원 워크시트를 꺼내서 재검토하라. 이것은 사명의 성취라는 더 큰 부분에서 그 주에 해야 할 일들을 조정할 수 있도록 도와줄 것이다.

2 지난주의 기록을 살펴보고 실질적으로 가능한 자유시간이 얼마나 되는지를 가늠하라.

3 프로젝트 목록과 업무 목록을 만들어라. 예를 들면, 프로젝트 목록은 '어떤 회계 소프트웨어를 설치하고 실행'하는 것과 같이 실행해야 할 필요가 있는 것이다. 또한 프로젝트를 현실로 만들기 위해 수행해야 하는 각각의 프로젝트를 업무들의 하위 목록으로 나누어야 한다. 예를 들면,

현재 프로젝트

1. 회계 소프트웨어 설치
   - 인터넷으로 제품 검색하기
   - 빌Bill, 조Joe, 설리Sally에게 - 어떤 것을 쓰고 있는지 전화나 이메일로 물어보기
   - 실제로 방문해서 살펴보기
   - 소프트웨어를 구매해서 사용하기
   - 교육 제공과 비용에 대해 찾아보기
   - 시스템에 모든 데이터 입력하기

```
2. 버밍엄 NEC의 ABC 분야 전시회 참가
   - 참가비 확인하기
   - 자리 위치 결정하기
   - 배너 디자인, 프린트
   - 안내 자료 준비하기
   - 전시를 위한 임시 보조자 고용하기
```

당신의 업무 목록은 공과금을 지불하고, 조에게 전화하고, 『성공한 CEO의 비즈니스 심리코칭』과 같은 놀라운 신간 서적을 사는 것 등과 같이 당신이 원하는 일반적인 모든 업무의 목록이다.

업무

```
- 가격을 알아보기 위해 수Sue에게 전화하기
- 빌과 점심 약속하기
- 가격 산정을 위해 인쇄업자에게 이메일 보내기
- 은행잔고 조정 마무리하기
- 거래처에 송장 보내기
- 6주 늦은 송장 추적하기
```

4 프로젝트 목록에 당신이 원하는 새로운 프로젝트가 모두 포함되어 있는가? 보통 대답은 '그렇지 않다.'다. 만약 다른 무언가가 있다면 프로젝트 목록에 그것을 넣고 프로젝트라는 명목하에 하위 업무를 다시 나누어라(종종 I-D-EA-S 과정은 이것을 정확히 나누는 방법에 있어서 도움이 된다.).

5 프로젝트 목록 중에서 업무 목록에 몇 개의 하위 업무를 추가하라. 이것은 당신의 좋은 의도를 행동으로 상태 전환시킬 것이다.

6 당신의 다이어리를 살펴보라. 지난주에서 이월되어 업무 목록에 추가해야 하는 '해야 할 일들'이 있는가? 이번 주에는 사전 작업이 필요한 약속이 있는가? 이것 역시 추가하라.

7 당신의 업무 목록에 있는 모든 업무를 재검토하고 긴급한 정도에 따라서 순위를 매겨라. 그리고 이번 주에 당신이 그 일들을 할 것인지에 대해 다음과 같이 결정하라.

- 그것을 할 것인지
- 그것을 다른 사람에게 시킬 것인지
- 일단은 접어 두고, 다음 주에 다시 생각해 볼 것인지
- 그것은 별로 중요하지 않은 일이므로 할 일에서 지울 것인지

8 너무 긴급한 업무에만 몰두하지 마라. 한 주에 6시간 정도는 당신이 그동안 미루어 왔던 중요한 업무를 보는 데 할애하라('화난 채권자에게 지불'하는 것과 같은 긴급한 업무는 즉시 해야 한다. 그러나 '멘토와 점심먹기'와 같이 중요한 업무는 좀 더 전략적이다. 이러한 분류는 이 분야의 전문가인 아이젠하워로부터 나온 것이다.).

9 마지막으로, **오늘** 어떤 업무를 할 것인지 결정하라.

나는 이 시스템을 사용하기 위해 마이크로소프트사의 아웃룩outlook을 설정하였고, 수많은 고객을 만족시켜 왔다. 이 시스템은 그저 종이 몇 장과 컴퓨터만 있으면 사용할 수 있다. 만약 나의 컴퓨터 버전을 사용하고 싶다면, www.thinklikeanentrepreneur.com 사이트를 방문하기 바란다.

기회와 몰락

■ 커다란 기회

- 그것을 발견하라.
- 그리고 당신이 유리한 위치에 있다는 것을 알아라!
- 빨리 행동하라.
- 도움을 요청하라. 필요한 충고를 얻어라.

■ 커다란 시련

- 누구에게나 시련은 온다.
- 당신의 사업가 자질에 대한 크나큰 시험
- 열심히 일하라.
- 당면한 빈 틈을 막아라.
- 그러한 일들이 다시 일어나지 않도록 당신의 비즈니스를 다시 디자인하라.

■ 개념: 파괴 행위

- 사람들은 어떤 것이 자신의 감각과 맞지 않는다면 그것을 파괴하려 할 것이다.

■ 당신을 변화시켜라: 사업가적 계획

- 비즈니스는 곧 실행이다. 당장 당신의 목록을 만들어라.

팀 만들기

05

05

팀 만들기

이 장에서는 첫 직원을 뽑는 일부터 효율적인 팀을 꾸리는 것까지 당신의 직원을 고용하는 것에 대해 논의하려고 한다. 또한 위임의 법칙에 대해서도 설명할 것이다. 개념을 설명하기 위해 TATransactional Analysis를 인용했는데, 이것은 이미 언급한 심리모형이지만 좀 더 깊이 들어가 보려 한다. 마지막으로 변화 과정은 TA의 게임에 초점을 맞출 것이다. 게임으로 소모되는 에너지의 양은 실로 놀랍다. 그러므로 이것은 일터에서 내보내야 한다.

1. 위임의 법칙

제1, 2장에서, 나는 사업가가 비즈니스의 모든 무게를 어깨에 짊어지고 있는 아틀라스 상과 같다고 설명하였다. 이것은 사람들이 비즈니스를 시작할 때 모든 것을 자신이 처리하고자 하는 방식을 비유한 것이다. 비즈니스가 성장함에 따라 그 무게는 점점 더 커진다. 한 명을 얻고 나면 그다음엔 여러 명, 그다음엔 더 많은 사람이 끊임없이 증가하는 이 무게를 당신과 함께 지탱하게 될 것이다. 비즈니스를 꾸려나가는 전체 과정은 점차적으로 무게를 늘려 가는 운동과 비슷해 보일 수 있지만, 업무나 기능에 따라 매우 신중하게 무게를 줄여 나갈 수도 있다. 논란의 여지는 있지만 내려놓기, 즉 **위임**은 모든 사업가의 기술 중 가장 중요한 것이다.

위임을 하기 전에 당신은 무엇을 어떻게 해야 하는지 알아야 하며 우리가 일종의 사이클을 갖는다는 사실도 여기에 추가해야 한다. 당

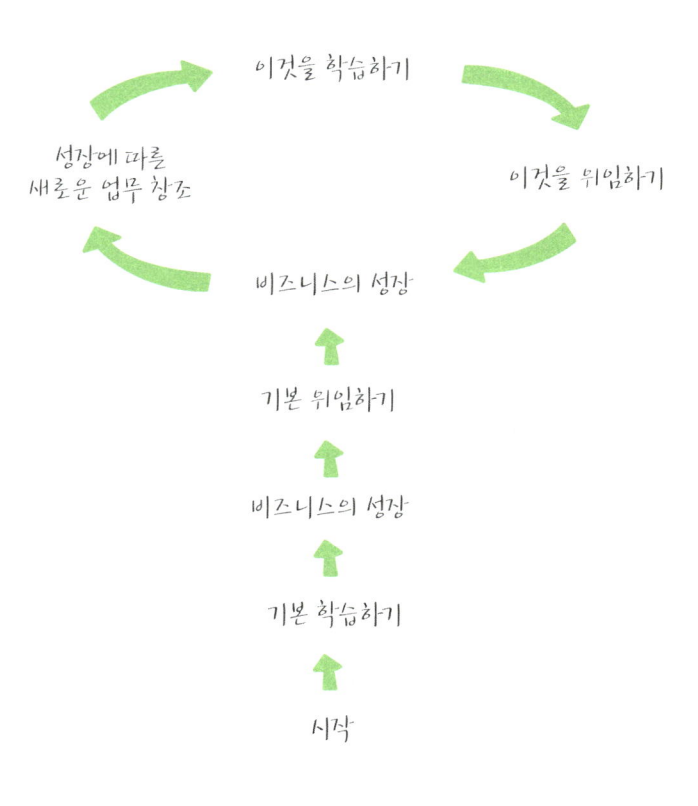

신은 세상을 짊어지고 있다. 그것은 성장한다. 당신은 몇 가지 확실한 업무를 위임할 수 있다. 그러나 비즈니스는 성장하고 있으므로 당신이 절약한 시간은 새로운 업무를 배우는 데 사용되어야 한다. 업무들을 차례대로 숙지한 다음 그것을 위임하라. 비즈니스가 성장해 감에 따라 새로운 업무가 필요할 것이다.

이 사이클은 끝없이 돌아간다. 예를 들면, 켄 모리슨Ken Morrison경은 브래드포드에 점포를 가지고 있는 가업을 물려받아 이 사업을 연간 600만 파운드가 넘는 전국적인 슈퍼마켓 체인으로 성장시켰다. 사업을 하면서 그는 끊임없이 새로운 도전에 맞닥뜨렸는데 가장 최근의 것은 모리슨 회사에 거대한 세이프웨이Safeway 그룹을 합병하는 것이었다. 이때 그의 나이는 벌써 70대였다. 그러나 대부분의 사업가는 보다 일찍 위임하기를 선호한다. 그들의 마지막 업무는 비즈니스를 팔고 다른 사람에게 그 무게를 지워 줌으로써 자신의 어깨에 놓인 무게를 줄이는 것이다. 사업가들은 돈이 가득 찬 서류가방 외에는 어떤 짐도 지니지 않은 채 춤을 추며 떠난다. 그리고 만약 그들이 타고난 사업가라면 곧 다른 일을 찾아내어 처음부터 다시 시작한다. 그러나 그것은 이후의 문제다.

만약 비즈니스가 성장하지 않는다면 이 과정은 중단되어야 한다. 하지만 종종 성장의 중단은 외부 전문가들에게 영업이나 마케팅 업무를 위임함으로써 큰 변화를 가져오기도 한다.

위임의 첫 번째 법칙은 간단하다. 언제나 그 업무에 대해 당신보다 좀 더 나은 사람을 찾는 것이다. 이것은 문구류를 주문하는 것 같이 간단한 업무를 위임하는 초반에는 그다지 문제가 되지 않는다. 그러나 실질적인 초석을 만들거나 영업, 마케팅, 재무와 운영의 전문가를 둘 때, 그들의 전문성에 비즈니스가 의지하게 된다면 그것은 아주 큰 문제가 된다.

자만심이 강하거나 거만한 사업가들은 종종 이 규칙을 무시한다. 이들은 나약한 어린 시절부터 가지고 있던 전능함에 대한 환상을 충족시켜 주는 무능력한 예스맨에게 위임하는 것을 선호한다. 하지만 이것은 그들의 사업상 썩 좋은 선택이 아니다. 현명하고 성숙한 사업가들은 인재를 알아보고 기뻐하며, 그 인재가 자신을 위해 일하게끔 한다.

위임에 대한 두 번째 큰 포인트는 이것이 한 번에 끝나는 것이 아니라 일련의 과정으로 보아야 한다는 것이다. 앞의 사이클을 이해하는 것이 도움이 될 것이다. 스티븐 코비Stephen Covey는 이 과정을 위계적인 수준으로 나누었다. 그것은 다음과 같다.

- 말할 때까지 기다려라.
- 질문하라.
- 제안하라.
- 실행하고 즉시 보고하라.
- 실행하고 정기적으로 보고하라.

이 단계들은 '갑자기 새로운 어떤 일이 생겼을 때 어떻게 할 것인가?'에 관한 것이다. **말할 때까지 기다려라** 수준에서의 위임은 가장 기본적인 것 중의 하나로 초보자들에게 적절하다. 의미는 분명하다. 새로운 일에는 주도성을 보여 줄 수 없으므로 무엇을 해야 할지에 대해 말해 줄 때까지 기다려야 한다는 것이다. **질문** 수준에서는 이제 그들이 와서 질문할 것이다. **제안** 수준에서는 그들이 어떻게 할지를 제안하는데, 당신은 이에 동의하거나 수정할 수 있다. **실행하고 즉시 보고하는** 단계에 접어든다면 그들은 이제 스스로 행동할 수 있는 힘을 가지게 되지만 그래도 당신에게 와서 그들이 지금 하고 있는 일을 보고해야 한다. 경우에 따라서는 그들이 잘못된 일을 했을 수도 있고 그에 따른 조정이 필요할 수도 있다. 마지막으로 당신은 그저 사람들이 일을 처리하게끔 두고 정기적으로 당신에게 보고하게 하면 된다.

모든 직원에게는 "만약 업무가 위임의 어느 수준에 있는지를 모르겠다면, 나에게 질문하라."고 하는 최우선의 법칙이 있어야 한다.

당신은 다양한 위임의 수준에 있는 사람들을 데리고 있다. 신입사원은 그들이 똑똑해서 빨리 승진할 수 있다고 할지라도 '기다리는' 단계부터 시작한다. 당신의 새로운 재무이사는 '행하고 그때마다 보고하는' 단계부터 시작해서 곧 정기적으로 보고하는 단계로 옮겨갈 것이다. 이 두 가지 예에서 주목해야 할 것은 당신이 할 수 있는 한 그리고 가능한 빨리 사람을 위임 단계로 내보내야 한다는 것이다. 같은 사람에게 다른 차원의 다른 사명을 위임해야 할 때 일은 좀 더 복잡해진다. 예를 들면, 재무이사는 **제안** 수준에서 예산안을 준비해야 하겠지만 임금 장부를 감독하는 것은 일상적으로 **실행하고 보고하는** 차원에 있을 것이다.

많은 소규모 비즈니스의 폐해인 '미시관리Micro-management'는 사람들로 하여금 코비의 위계 단계로 승진시키는 것을 실패하게 하고, 그에 따라 불만족하는 직원들과 과로하는 사장/관리자의 관계를 초래한다.

직원들을 좀 더 책임있는 수준으로 이동시킴에 따라 세부적인 업무를 위임하는 것에서부터 전체적인 기능을 위임하는 것으로 그들의 임무를 확장시켜라. 당신은 누군가에게 필기구를 주문하도록 시키는 것부터 시작할 수 있다. 당신은 그들이 가능한 빨리 전체적인 기능을 수행하는 '문구류 담당'이 되기를 원할 것이다. 문구류는 하찮게 보일 수도 있지만, 사실 새로 온 사람이 기본적인 관리 기술을 익히기에는 좋은 자리다. 그들은 물품의 범위를 지속적으로 체크해야 하고, 이와 관련된 사람들을 모두 관리해야 하며, 불만을 처리해야 하고, 심지어 도난과 관련된 이슈와 직면할 수도 있다.

인내심을 가져라. 당신이 누군가를 위계에 올려놓거나 단지 업무의 일부 혹은 직무에 대한 책임을 그들에게 주었을 때 그들이 자신의 새로운 일을 즉시 해낼 것이라고 기대하지 마라. 비즈니스의 세계는 "본격적으로 일을 시작할 수 있다."라고 말하는 사람들로 가득 차 있지만, 대부분의 직원은 혼란을 겪는다. 그러나 직무를 인계할 선임이 많을수록 당신이 받아들여야 하는 초기의 착오가 줄어드는 것은 분명하다.

2. 당신의 첫 번째 직원

나는 내 첫 비즈니스를 혼자서 4년 동안 경영한 뒤에 첫 사람을 얻었다. 엄청나게 늘어나서 업무로 인해 일에 치이기 시작했을 때, 나는 9시 30분에서 1시 30분까지 주 5일 동안 일할 개인 경력 비서를 뽑는다고 광고했다.

경력이 중요했다. 적절한 사람을 찾았을 때 나는 그녀에게 "이전에 사람을 고용한 적이 없다. 어떻게 개인 비서를 써야 하는지 가르처 달라."라고 말했다. 그리고 그녀는 그렇게 해 주었다. 그녀는 서류들을 어떻게 작성해야 하는지와 같은 기본적인 기술을 가르쳐 주었고(이미 18년 전 이야기다!), 또한 내가 그녀에게 요청할 수 있는 업무와 각 업무로부터 그녀가 나에게 기대하는 위임의 수준이 무엇인지도 설명해 주었다. 그 당시 우리는 모두 코비의 모형을 알지 못했지만 그녀는 직관적으로 이해하고 있었다. 현재 그녀는 내 부동산 비즈니스의 임원이다.

최고의 개인 비서는 자신이 해야 할 업무에 대해 알고 있으며, 위임의 적절한 수준에 대한 감각도 가지고 있다. 또한 그들은 사람들, 특히 당신을 읽는 데 능숙하다. 그들은 당신의 목소리만 듣고도 무엇이 얼마나 중요한지를 안다. 그들은 당신이 피곤할 때 지금은 쉴 시간이라고 말해 주거나 당신이 괜찮아질 때까지 좀 더 많은 책임을 조용히 떠안는다. 그들은 고객들과 비즈니스의 다른 동료들과 좋은 친분을 쌓는다. 그들은 제대로 그 몸값을 한다.

1) 상사되기: 신념과 정체성

당신이 사람들을 고용하기 시작할 땐 신념은 물론 정체성에 관한 주제들이 끼어들 수 있다. 어떤 사람은 다른 사람을 고용하는 것이 옳지 않다고 생각하기도 한다. 그들은 고용이 직원의 노동력을 착취하는 것이라 생각하고, 다른 이들을 위해 일하는 것을 평가절하한다(그리고 기타 등등). 이것은 신념일 뿐 사실이 아니다. 실제로 많은 사람들은 직장을 제공하는 올바른 고용주를 원한다. 사업가로서, 어쩌면 다른 누군가를 위해 일하는 것에 대한 생각은 당신을 두렵게 할 수도 있겠지만, 이 감정을 다른 이들에게 드러내거나 자본주의의 해

악에 대한 근거 없는 일부 이론으로 몰아가지 마라. 거대한 자본의 힘이 좋은 것이든 아니든 비즈니스를 시작하고 누군가에게 직업을 제공한다고 해서 당장 거대 자본가가 되는 것은 아니다.

나는 그들에게 임금을 지급하고 일할 수 있는 좋은 환경을 제공한다면 사람들을 고용하는 것은 좋은 일이라고 믿는다. 직원을 괴롭히거나 무시하는 불쾌한 고용주가 되는 것은 그다지 좋은 일은 **아니다**. 누군가를 고용하는 것 자체가 잘못됐다고 느끼는 사람들은 아마도 마음속에 고용주가 약자를 괴롭히는 사람이거나 착취자라는 고정관념을 가지고 있을 것이다. 만약 그렇다면 당신은 사람들을 고용하기 시작할 때 이러한 고정관념에 도전하고 이를 반증할 기회를 갖게 될 것이다.

신념과 마찬가지로 정체성 역시 직원들을 뽑기 시작할 때 당신을 곤란에 빠뜨릴 수도 있다. 많은 사람은 스스로를 '다른 직원들과 마찬가지'라고 느끼곤 한다. 하지만 당신이 사장이라면 이것은 통하지 않는다. 당신은 직원들과 친밀하고 건설적인 관계를 가질 수 있지만 거기에는 언제나 분명한 경계가 있어야 한다. 또 의견의 불일치나 논쟁이 있을 때 직원들의 말을 경청하는 것도 중요하지만, 결정을 내리는 것은 궁극적으로 당신의 몫이다. 의사 결정을 하는 것이나 '아니다.'라고 말하는 것을 두려워하는 사업가는 직원들로부터 경멸받을 것이고, 직원들을 다루는 일이 더 어려워진다는 것을 깨달을 것이다.

어떤 사람들은 반항적인 정체성을 가지고 있다. 사실 많은 사업가가 이러한 정체성을 가지고 있다. 그것은 사업가 외부의 기업적/사회적 삶으로 이끌고, 일을 하면서 자신의 길을 추구하는 데 활력을 준다는 점에서 막대한 가치가 있다. 그러나 만약 그들이 '체계'에 대해서가 아니라 어떤 구조나 순서에 대해 반발을 가지고 있다면 그것은 문제가 될 수 있다. 비즈니스를 한다는 것은 순서대로 실행하는 것이지 결코 무질서한 상태가 아니다. 만약 당신이 후자의 반역자로서 내심 무정부주의자라면 이것이 진정으로 세상을 보는 성숙한 방법인지를 질문해 봐야 한다. 이 장의 끝 부분에 있는 TA 자료가 이것을 도와줄 것이다. 심지어 1968년(5월 프랑스 혁명) 당시 무정부주의자였던 사람들도 현재는 대부분 성숙해 있다. 예를 들면, 'Danny the Red'라고 불렸던 다니엘 콩방디Daniel Cohn-Bendit*는 현재 유럽의회 의원으로, 경제에 대해 상당히 통속적인 견해를 가지고 있는 EU의 확고한 지지자다.

2) 혼자라는 위험

만약 당신이 사람들을 고용하지 않는다면 비즈니스는 성장하지 않을 것이다. 비즈니스는 단지 그 자리에 멈추어 있는 것이 아니다. 하지 않은 모든 일의 무게 때문에 점차 붕괴되기 시작할 것이다. 부분적인 일은 외부에 위탁하는 것이 가능하다. 예를 들면, 전화를 대신 받아 주는 서비스가 있다. 그러나 결국 비즈니스를 하기 위해서는 당신의 사람이 필요하다.

헬레나Helena는 자기계발 관련 비즈니스를 하고 있는 사업가로, 언제나 큰 계획을 가지고 있지만 그 계획은 대부분 그저 계획 상태에만 머물러 있다. 그 원인 중 하나는 그녀가 위임할 수 없다는 데 있었다.

---

* 역자 주: 독일 출신 정치가, 'Danny the Red'는 그의 정견과 머리 색깔이 모두 빨갛다고 해서 붙은 별명이다.

그러한 이유로 그녀는 고객들과 점심을 먹지만, 다시 할 일이 넘치는 사무실로 돌아오게 되고 리조또와 셔벗 위에서 논의되었던 프로젝트는 결코 실현되지 않는다. 그러나 헬레나는 그녀를 진심으로 좋아하고 함께 일하고 싶어 하는 많은 고객을 가지고 있기 때문에 이 일을 계속할 것이다. 하지만 헬레나의 비즈니스는 영원히 '라이프스타일' 비즈니스*로 남을 것이다. 그녀에게는 미래의 계획에 대한 장대한 이야기로 시간을 낭비하는 것을 중단하고 이러한 사실을 받아들이거나, 위임의 과정을 시작하는 것이 필요하다.

3) 팀의 성장

사람을 성급하게 고용하지 마라. 이것은 사업가가 저지르는 흔한 실수이며, 특히 시간제 직원이나 아주 낮은 직급의 직원을 채용할 때 더욱 그러한 경향이 있다. 그런 자리에 적절치 않은 사람을 채용하는 것은 별로 위험하지 않은 것처럼 보일 수도 있다. 그들은 당신이 많은 대가를 치러야 할 만한 일을 저지르진 않을 것이다. 하지만 사소한 부정적 영향이라고 할지라도 조용하고 은밀한 방법으로 어마어마한 해악을 초래할 수도 있다. 언제나 당신의 모든 사람을 겸허하고 신중하게 선택하길 바란다.

이것이 특정 문제가 될 수 있는 분야 중 하나는 영업 사원을 채용하는 것이다. 이들은 종종 달변가인 경우가 많아서 자신을 채용하도록 당신을 설득할 수도 있다. 그렇지만 기억하라. 그들은 당신 회사

---

* 역자 주: 어느 정도의 소득 수준 유지를 주된 목적으로 그들의 설립자에 의해 시작되고 운영되는 비즈니스이며, 이것으로부터 특정 라이프스타일을 즐길 수 있는 토대를 제공하기 위한 사업을 말한다.

의 '얼굴'이고 당신의 외교사절이다. 만약 나쁜 느낌이 든다면 그들을 고용하지 마라. 영업사원은 종종 적은 월급에 수수료를 받는 조건으로 더 열심히 일한다. 그들은 작은 비즈니스를 분명하게 이해하지는 못한다. 그러한 혜택들은 IBM과 같은 브랜드 네임을 판매하는 경우에는 잘 먹히지만 이제 막 시작하는 회사에서는 아니다.

나는 회사에 직원들을 얻기 위한 '기회의 창'이 있다고 느낀다. 너무 젊은 사람은 종종 자신이 열심히 한다고 주장하는 것에 비해 일에 집중하지 못한다. 그들에게는 금요일 밤에 약속을 잡고 술을 마시고, 데이트를 하는 것이 (또는 다른 무엇이) 좀 더 중요한 문제인 것처럼 보인다. 또 나이든 사람들은 때때로 너무 안주하고 이제 막 시작하는 회사가 제공해 줄 수 있는 것 이상의 예측 가능한 삶을 바란다. 또한 그들은 종종 지나치게 많은 돈을 요구하기도 한다. 새로운 직원들의 이상적인 나이는 몇 세인가? 25~35세다. 이것이 심한 연령차별이라고 비난하기 전에, 이것은 어디까지나 일반적으로 그러하다는 것이며 어떤 사람들은 이러한 고정관념을 뒤집는다는 말을 덧붙이고 싶다. 물론 50대라고 할지라도, 자존심이나 보상에 대한 큰 기대를 극복하고 아주 뛰어난 팀원이 될 수 있다.

어떤 체계도 오류가 없을 수는 없다. 나는 언제나 정확하게 3개월의 수습기간을 두고 직원을 뽑는다. 만약 3개월 후 그들이 나의 기대에 미치지 못했다면 해고하고, 좋은 결과를 가져왔다면 팀의 일원으로서 그들을 진심으로 환영한다.

4) 4E 그리고 C

직원들을 평가할 때나 인터뷰를 할 때, 또는 그들이 언젠가는 겪게 될 정기평가rolling assessment의 일부로서 나는 잭 웰치Jack Welch가 개발한 모형을 사용한다. 웰치는 자신의 저서 『잭: 끝없는 도전과 용기 Jack: Straight from the Gut』에서 이 모형에 대해 설명했다. 그는 GE의 CEO로 성공적인 나날들을 보냈으며 냉혹하다는 평가를 듣곤 했다. 하지만 그는 사실 '사람이 가장 큰 자산이다.'라는 오랜 격언을 진정으로 믿으며 사람의 가치에 대해 매우 잘 알고 있었다. 그의 모형은 매우 간단하면서도 큰 기업에서의 경험으로부터 나온 매우 현실적인 것으로서 나는 이보다 더 나은 것을 본 적이 없다. 4E와 C는 다음과 같다.

- **에너지**(Energy)　　이것은 본질적으로 신체적인 에너지와 일반적인 열정에 관한 것이지만 주도권을 잡을 수 있는 잠재력과 일반적인 자신감에 관한 것이기도 하다.

- **동기부여**(Energise)　　어떤 사람은 에너지가 넘친다. 그는 그의 에너지를 다른 사람에게 줄 수 있는가? 슬프게도 어떤 사람은 TA에서 '게임'이라고 부르는 것을 통해(뒤에 자세히 설명되어 있다.) 다른 사람의 에너지를 소모시킨다. 사람은 공급자, 고객 그리고 가장 중요한 그의 동료에게 에너지를 줄 수 있어야 한다.
　관리자 수준에서 에너자이저는 성공적인 팀, 진정한 '시너지'를 가진 팀을 만드는 사람이며, 여기에서의 전체는 부분의 합보다 크다. 이러한 잠재력은 매우 특별한 것이다.

- **결단력**(Edge)　　내게 있어 결단력은 여러 가지 구성 요소를 가진다. 부분적으로 이것은 '감정적으로 분별력 있는 것'에 관한 것이

다. 만약 사람이 무언가를 성취하길 바란다면 사람들을 설득해야 할까, 아니면 명령해야 할까? 그들은 자신의 행동과 행동이 다른 이들에게 미치는 영향에 대해 반성해야 할까, 아니면 모른 채로 계속 나아가야 할까? 만약 그들이 자기 비판적이라면 실수에서 배움을 얻는 긍정적인 방식일까, 아니면 낙담하는 부정적인 방식일까? 그들은 변화와 성장을 원할까, 아니면 순전히 일련의 일이 그때 그때를 위한 것이라고 생각할까?

여기에는 살아남기 위한 지혜의 요소와 내가 기대하는 예리함이 있다. 당신은 소규모의 비즈니스에서 무언가에 착수할 수 있어야 한다. 위임을 '기다리는' 차원 이상으로 진행시키지 않는 사람은 이러한 환경에서 많은 도움이 될 수 없을 것이다.

• **실행력**(Execute)　　처음에 웰치는 오직 세 개의 E로 시작했지만, 이것만으로는 실질적으로 일을 마무리 짓지 않고 겉만 번지르르하고 실속은 없는 지원자들과 뒤죽박죽된 결과를 산출한다는 것을 발견했다. 그래서 그는 그의 목록에 실행력을 추가했다. 특히 작은 비즈니스에서는 '실천가들'이 필요하다. 팀 제도와 팀 관리의 전문가(구루, guru)인 메러디스 벨빈Meredith Belbin은 이들을 '완결자(completer-finisher)'라고 부른다.

• **고객 지향**(Customer focus)　　영업을 하든 지원 부서에 있든, 모든 사람은 비즈니스의 외교사절이다. 이러한 태도는 어떤 사람에게는 자연스럽지만 어떤 사람은 그렇지 않다.

당신은 면접에서 사람들이 4E와 1C에 얼마나 잘 부합하는지에 관해서 좋은 '감각'을 가질 수 있다. **에너지**는 삶의 일환으로서 스포츠나 적어도 어떤 형태로든 운동을 하는지 물어라. 그들을 보라. 건강해 보이는가? **동기 부여**는 면접 후 방 안의 에너지를 살펴보면 클리브 우드워드Clive Woodward가 '에너지 고갈원energy sappers'이라고 부르는 것을 통해 종종 포착할 수 있다. 그러한 것을 느꼈다면, 실제로는 그가 열심히 일하는 사람이었다 할지라도 뽑지 않는 편이 낫다. **결단력**은 보통 면접에서 꽤 분명하게 드러나는 편이다. 그들은 깔끔한 옷차림을 하고 당신의 말에 주의를 기울이며 조리 있는 대답을 한다. **실행력**은 아마도 가장 분별하기 어려울 것이다. 적어도 너저분한 이력서는 지저분한 복장과 지각만큼이나 그들이 '실행력 있는 사람'이 아니라는 것을 보여 준다. **고객 지향**을 위해서는 매너가 좋은지, 당신이 하는 말에 주의를 기울이는지를 보라.

마법의 면접 질문은 '5년 후에 당신은 어디에 있을 것 같은가?'다.

- '솔직히 말하면, 여기에 없을 것 같은데요.'는 약간 장난스럽고 매력적이지만 적절치 않다.
- '잘 모르겠습니다.'는 너무 모호하다.
- '이곳에서 승진해서 일하고 있을 겁니다.' 이것이 당신이 듣기 원하는 답이다. 물론, 적절히 합당해야 한다!

부록 D에는, 웰치의 모형을 바탕으로 개발한 간략한 평가지가 있다. 나는 이것을 직원들에게 나누어 주고 다양한 범주 안에서 스스로를 평가해 보도록 요청한 후 이것에 대해 그들과 이야기한다. "당신은 주도성에서 4점을 주었는데, 어떤 근거로 그 점수를 주었나요?"

결과는 보통 그들이 작성한 자기 평가를 약간 수정한 것에다 그들이 이루길 원하는 목표의 기한과 시점을 더한 것이다.

5) 당신의 경영 방식

경영에 관해서는 너무나도 방대한 자료가 존재하기에 나는 이 주제에 대해 너무 많이 이야기하지는 않겠다. 경영은 균형에 대한 이야기다. 1940년대 영화배우 에롤 플린Errol Flynn은 펜싱과 검을 잡는 방법에 관해 말한 적이 있다(그는 실제로 전문가다.). 그는 그것이 흰 비둘기를 잡는 것과 같다고 했다. 만약 너무 세게 잡는다면 비둘기는 죽고, 만약 너무 살짝 잡는다면 비둘기는 날아간다. 나는 이것이 모든 인간관계에서도 적용된다고 믿지만, 특히 고용인을 둔 사람에게 더욱 적절하다고 생각한다. 만약 당신이 너무 의욕적이라면 직원들은 언짢아할 것이고 '순응한 어린이'처럼 행동할 것이다(뒷장을 보라.). 만약 당신이 너무 부드럽다면 직원들은 제멋대로 행동할 것이고, 자기가 하고 있는 대로 다른 모든 사람이 무언가 해 주기를 바랄 것이다.

이 장의 마지막 주제인 TA 자료는 관리자들이 생각해 볼 만한 다양한 자료를 제공할 것이다.

6) 옵션을 제공하고 나누어라

당신은 언제나 경쟁적인 연봉을 제시해야 한다. 그렇지 않으면 당신을 위해 일할 사람을 얻지 못할 것이다. 나는 잘하고 있고 진정으로 자신의 가치를 증명해 내는 중역에게 그저 보상을 제시할 뿐이다. 뿐만 아니라 주식을 사게 하기도 한다. 만약 그들이 자신의 돈을 사업에 투자하지 않으려고 한다면 그들은 '게임의 승패에 대해 적극적인 관심'이 없는 것이다. 당신은 진정한 사업 파트너가 될 만한 준비된 사람들이 필요하다.

이러한 방법으로 자극될 때 사람들에게는 커다란 변화가 일어난다. 훌륭한 직원에서 사업주로의 심리적인 이동과 동시에 그들의 헌신과 에너지 수준은 엄청나게 상승할 것이다. 그러나 아무리 좋다고 해도 이것은 흔치 않은 경우이며 나는 내 비즈니스에서 상당한 양의 소유권을 잃는 것을 좋아하지 않는다. 나는 설립자이자 주된 위험 부담자로서 적어도 51퍼센트를 원한다. 그리고 나는 여전히 책임자로서 그보다 더 많은 것을 원한다.

3. 초석 놓기

기억하라. 초석은 위임된 비즈니스의 핵심적 기능을 하는 사람들이다(또는 위임하는 과정에 있다.).

- 재무
- 영업과 마케팅
- 운영/관리 업무
- 전문가 또는 기술 연구(만약 관련이 있다면)

큰 회사안에서는 많은 보수를 받는 직원이 이러한 일을 수행하고 있다. 그러나 소규모이면서, 빠른 속도로 성장하고 있는 비즈니스에서는 이들이 원하는 연봉을 감당할 수 없다. 그렇다면 당신은 무엇을 해야 하는가?

이상적으로는 **당신은 당신 자신의 재능을 길러야 한다.** 비즈니스가 성장함에 따라 새로운 업무가 필요하며, 확실하고 빠르게 일을 배우는 똑똑하고 의욕적인 팀원이 당신을 위해 '책임을 맡아' 그 일을 할 것이다. 또 하나 좋은 방법은 **한시적으로나마 시간제로 사람을 고용**하는 방법이다. 만약 그들이 '적절한 자질'을 가지고 있고 당신과 일하는 것을 좋아한다면 그들을 정식 직원으로 고용하라. 세 번째 옵션은 **외부 '전문가' 영입**이다. 앞의 두 옵션은 갑자기 많은 지출이 발생하는 외부 전문가 영입과는 달리, 넘겨 주는 책임의 수준에 따라 점차적으로 직원들의 연봉을 올려 줄 수 있다. 그러나 세 번째 옵션은 가장 안전한 것처럼 보이지만, 내 경험상 꼭 그런 것만은 아니다. 외부의 '전문가'는 당신이 기대했던 것보다 전문가가 아닐 수도 있고, 설령 그들이 그러한 전문가라 할지라도 그들은 당신과 당신의 비즈니스에 대해서 알지 못할 수도 있다.

나는 두 가지 옵션처럼 '내부로부터의 승진' 도구를 사용해 왔고, 그것은 대부분 성공적이었다. 그렇다. 때로는 새로운 초석이 그 일에 맞지 않을 수도 있다. 그렇다면 당신은 그 사람을 내보내고 '위임한 것을 거두고' 새로운 사람을 훈련시키거나 그 역할에 맞는 누군가를 찾는 동안 잠시 일을 다른 사람에게 인수해야 한다. 이것이 당신 스스로 당신의 비즈니스의 모든 면에 대해 충분히 알고 있어야 하는 이유다.

위임을 하는 방법에 대해 내가 이야기하지 않은 한 가지는 상무이사(또는 CEO, 아직 작은 규모의 비즈니스에는 이 용어가 약간 거창하게 느껴지더라도)에 대한 것이다. 이에 대해서는 다음 장에서 이야기하겠다.

4. 비즈니스 파트너

이 장의 '정보' 부분을 마무리하기 위해, 나는 비즈니스 파트너에 대해 이야기하고자 한다. 앞서 언급한 모든 것은 당신이 자신의 일을 시작하는 데 효과가 있다고 생각되는 것들이다. 정확한 수치는 없지만 나는 이것이 대부분의 사업가에게 일어날 수 있는 일이라고 믿는다. 그것은 나의 가장 큰 사업에서도 있었던 경우였다. 그렇지만 일부 사업들은 파트너십으로서 시작한다.

나는 사실 파트너십으로 비즈니스를 시작하는 것을 크게 찬성하지는 않는다. 하지만 만약 당신이 파트너와 함께 비즈니스를 시작해야 한다면, 상호 보완적인 능력을 가져야 하며, 분명히 둘 중의 하나는 반드시 '상사'여야 한다는 것을 명심해야 한다.

• **상호 보완적인 능력**　나는 언제나 파트너를 계획할 때 네 가지의 능력 세트를 고려하고 자신과 파트너의 강점이 어디에 있는지 분석하라고 권한다. 대답은 종종 자신과 파트너의 감정이 서로 유사하다는 것이다. "그것이 우리가 비즈니스를 함께하기 원하는 이유지요. 우리는 둘 다 ○○를 좋아합니다(○○는 종종 상품개발이나 납품이나 서비스다.)." 반대로, 정말로 성공적인 파트너십은 서로가 네 가지의 세트를 커버한다. 보통 대담하고 의욕적인 사업가는 재무에 상당히 능한 사람과 한 팀을 이룬다.

• **보스되기**　이것은 고전적인 대표자/재무가로 귀착된다. 비록 사업가는 보스지만, 재무의 귀재는 사업가가 그 사람 없이 살아남을

수 없는 성공의 열쇠를 쥐고 있다. 비슷한 능력을 가진 두 사람은 '대 표자의 거만함'에 대한 자연스러운 해결책이 부족하고 쉽게 사이가 틀어질 수 있다.

5. 개념: TA

TA는 프로이트 정신분석학을 수련한 정신의학자 에릭 번Eric Berne 에 의해 개발되었다. 번은 인간 상호작용의 뛰어난 관찰자였는데, 행동의 패턴을 관찰하여 우아하면서도 강력하고 사용하기 쉬운 모형을 만들었다. 아마 사람들을 다루는 직업을 가진 사람들은 이를 이해함으로써 상당한 이득을 얻을 수 있을 것이다. 이 장에서는 TA의 세 가지 모형에 대해 살펴보고자 한다. 공간의 제약 때문에 간단히 살펴보겠지만, 대략 훑어본다고 하더라도 이 모형의 성질은 아주 유용하게 사용될 수 있을 것이다. 나는 코칭에서 종종 다음의 세 가지 패턴 중하나가 고객으로 하여금 자신의 비즈니스나 삶을 보는 방법을 완전히 바꿀 수 있다는 것을 발견하곤 한다.

1) Parent, Adult, Child(PAC)

어린이는 어른의 아버지다(The child is father to the man).

– 윌리엄 워즈워스William Wordsworth

에릭 번은 관찰을 통해 사람들은 어버이, 어른, 어린이의 세 가지 '자아상태ego-states'에서 행동한다고 결론지었다.

많은 심리학적 개념과 달리 이것은 참신하며, 우리가 기대할 수 있는 개념과 유사하다. 우리가 '어버이' 상태에 있을 때에는 우리의 부모로부터 무비판적으로 받아들인 행동, 신념, 가치, 소망 그리고 심지어 정체성까지도 재연한다. '어린이' 상태에서는 어린이로서 개발하고 행했던 행동, 신념, 가치, 소망과 정체성으로 되돌아간다. '어른' 상태에서는 우리 자신을 통제하면서 어른스럽고 이성적이고, 공정하며, 자신을 통제하고, 유능하며, 일반적으로 효과적인 방법으로 문제를 분석하려고 한다.

'어버이'와 '어린이' 자아상태는 긍정적인 측면과 부정적인 측면, 또는 도움이 되고 도움이 되지 않는 측면(이것에 대해 판단하는 것이 어렵지만)을 가지고 있다. 물론 부모로부터 물려받은 유산에는 우리 자신을 돌보는 방법, 다른 사람을 정중하게 대하라는 가르침 등과 같은 유용한 것이 많다. TA는 이것을 **양육적 어버이**nurturing parent*라고 부른다. 그러나 거기에는 우리가 어른 상태에서 이성적으로 평가하고 거절하거나 받아들이지 않는다면 압박이 될 수 있는 수많은 '의무'와 '권고'가 있다. TA에서는 이들을 **통제적 어버이**controlling parent**라고 한다. 우리의 마음에서 어떠한 행동이 쓸데없다고 말하는 비판적인 목소리는 통제적 어버이다. 프로이트가 말하는 신경증 환자의 오

---

* 역자 주: 양육적 어버이 자아상태는 타인을 배려하는 마음이 강하며 따뜻한 인간미가 있는 부분이다. 온정적이고 헌신적이며, 긍정적인 자세로 타인과의 관계를 중시한다. 타인의 어려움도 자신의 일처럼 돕고 기쁜 마음으로 시간과 노력을 아끼지 않는다. 타인으로 하여금 보호와 관심을 받고있다는 느낌을 준다.

** 역자 주: 원문에서 Controlling Parent로 되어 있기 때문에 '통제적 어버이'로 번역했지만, 일반적으로는 Critical Parent(비판적 어버이) 또한 비등하게 자주 쓰이는 단어이며, 의미는 동일하다. 두 단어 모두 약자는 CP로 통일하며 CP는 어떤 일을 할 때 엄격하며 규율이나 규칙을 잘 지키고 선을 지키는 것을 좋아하며 주로 지시하거나 지적하는 경향이 있기 때문에 Controlling Parent와 Critical Parent를 혼용해서 쓴다.

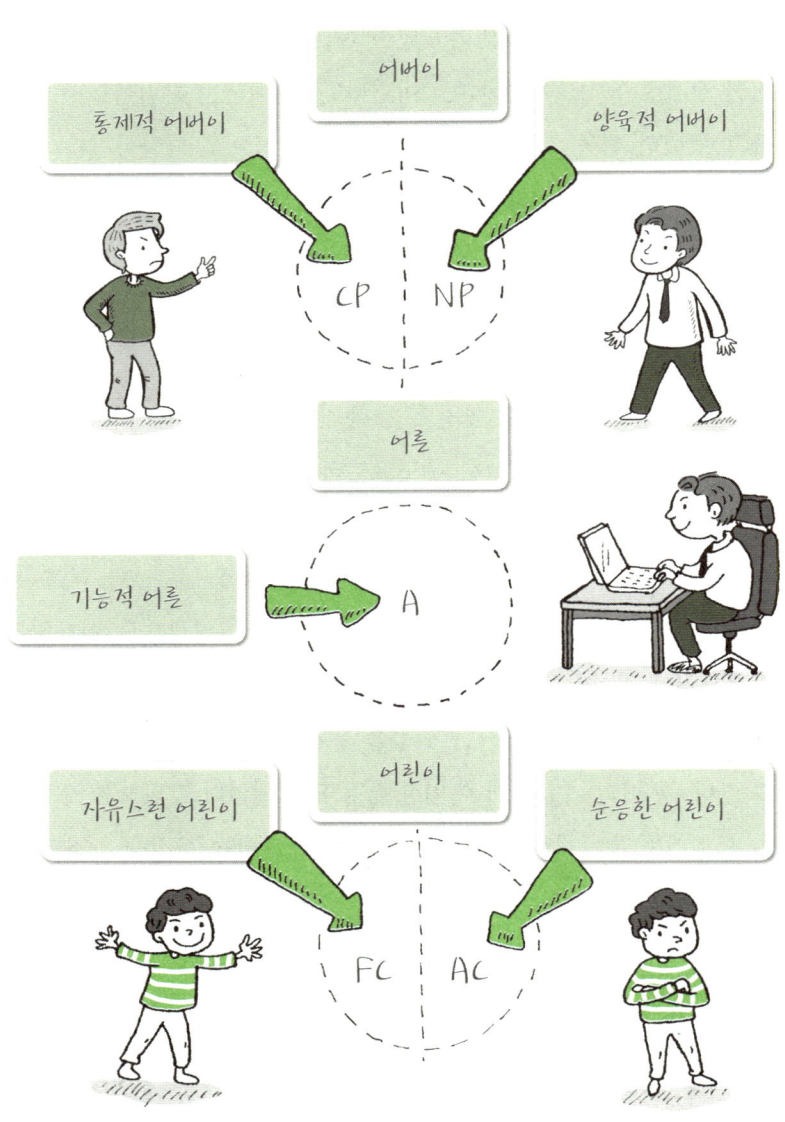

만하고 자기 혐오적인 '초자아'는 본질상 통제적 어버이라고 할 수 있다.

이와 유사하게 우리 안에 있는 어린이 자아상태로 도움이 되는 측면과 도움이 되지 않는 측면을 가지고 있는데, 이것은 유치함(골칫거리)과 순진함(참신함, 유쾌함)의 두 단어가 반영되어 있다. 창의적이고, 재미있고, 즉흥적인 측면은 **자유스런 어린이**[*]free child 라고 부른다. 유치한 자아, 즉 지나치게 고분고분하고, 잘 보이려고 애쓰며, 잘 토라지기도 하고, 반항심이 있는 등등은 **순응한 어린이**adapted child^{**} 라 부른다.

사람을 다룰 때는 보통 '어버이' 상태로 들어가 '통제적 어버이'가 되기 쉬운데, 이때 사람들은 으스대거나 거만한 태도를 취한다. 이것을 받아들이는 사람은 '순응한 어린이'로 보내지고 그들은 직접적으로 반항하거나 '수동적 공격형(밖으로는 순응적이나 안으로는 보복을 계획함)'이 될 것이다. 카리스마 있는 사업가나 영업사원은 종종 '어린이' 상태에서 행동하기도 한다. 만약 그것이 자유로운 어린이라면 매력적이고 고무적일 수 있지만, 이것은 쉽게 순응한 어린이로 변화하여 골칫거리가 될 수 있다. 문제는 이성적인 '어른'^{***} 자아상태

---

[*] 역자 주: 인간의 가장 자연스럽고 생태적인 본연의 모습이며 어떤 것에도 구애받지 않는 자발적인 부분이자 창조성의 원천이다. 호기심이 왕성하고 사교성이 뛰어나 대인관계의 폭이 넓으며 유머감각과 표현력이 풍부하고 자기 긍정성이 강하다.

^{**} 역자 주: 어린 시절 부모에 의해 훈련받고 영향을 받아 형성된 어린이 자아 상태의 한 부분이다. 자연적인 충동이 세상에 적응하기 위해 변용되어 나타난 부분이며, 대부분 권위적인 인물의 요구에 맞추거나 훈련에 의해 일어난다.

^{***} 역자 주: 현실 적응을 위해 필요한 지식을 축적하고 그것을 합리적으로 이용하며 처리해 나가는 작용을 한다. 이성적이고 논리적이며 목표를 계획하고 체계적으로 수립하며 능력적으로 처리하는 예리한 통찰력이 있다.

의 위치에서 가장 잘 언급될 수 있으며, 사람들 또한 가장 잘 다룰 수 있다. '점수'를 매기지 말고 정직하게 다른 사람의 견해를 들어라.

기업의 대표들을 코치할 때, 그들은 종종 자신의 직원에 대한 문제를 이야기한다. 한 사람은 "이 녀석은 최소한의 일만 해요. 절대 프로젝트를 끝내려고 하지 않죠. 그래서 그 녀석을 다루는 것은 악몽이에요."라고 말하면서 이마를 찡그렸고 목소리 톤은 거칠어졌으며, 점점 커졌다. 그다음 미팅에서 그는 '화를 내는' 다른 직원의 다른 문제를 언급했는데, 그는 점점 더 화를 내고 난폭해지기 시작했다. 이 순간 그는 겁먹은 아이처럼 보였고, 그의 눈은 커졌으며 안색은 창백해졌다. 이야기를 들은 후 나는 앞의 모형을 설명했다. 그는 자신이 첫 번째 직원(수동적 공격형인 순응한 어린이처럼 행동하는)에 대해서는 통제적인 부모였다가, 반항하는 순응한 어린이로 행동하는 두 번째 직원에 대해서는 겁먹은 순응한 어린이로 반응하였다는 것을 깨달았다. 만약 그가 어른 자아상태에 머물며 이것을 깨닫고 이해한다면 사람들을 다루는 것은 훨씬 더 효율적으로 진행할 수 있을 것이다. '게임이 끝났다.'는 것을 인식할 때 그러한 직원은 '제대로 일하거나' 아니면 '회사를 나간다.'다.

2) 각본

에릭 번은 5~6세경의 어린 나이에 우리가 '써 놓은' 우리 자신에 대한 이야기를 실천하는 데 삶의 많은 시간을 보낸다고 믿었다. 이것은 일종의 초기 인생 계획이다. 이 시기는 우리가 인과관계와 정체성을 다루려고 하는 나이로서 '세상의 일을 실제로 일어나게 하는 것은 무엇인가?' 그리고 '나는 누구이며, 세상에서 나의 역할은 무엇인가?'와 같은 핵심적인 질문을 한다. 동시에 우리는 좀 더 개별적이고 독립적으로 성장하며 사랑의 상실에 대한 불안을 느낀다. 그래서 우리의 마음 한가운데에는 '사람이 사랑을 얻기 위해서는 세상에서 무엇을 해야 하는가?'와 같은 또 다른 질문이 떠오르게 된다. 이야기는 이러한 질문에 대답하는 좋은 방법이며, 특히 아이들에게 더욱 그러하다.

만약 우리 모두가 긍정적인 각본을 쓴다면 세상은 훨씬 더 행복한 곳이 될 것이다. 그러나 슬프게도 우리는 그렇게 하지 않는다. 일부 축복받은 개인은 '승자' 각본을 쓰고, 거기서 자신의 모습으로 있는 것만으로도 사랑을 얻는다. 그러나 또 다른 아이는 사랑을 얻기 위한 파괴적인 메시지를 받는다. (사랑받기 위해서는) '완벽해져라.' 또는 '아버지의 연약한 작은 천사가 되어라.' '다른 사람을 기쁘게 하라.' '사랑? 그런 건 잊으라. 세상은 험난하므로 강한 자가 되어야 한다.'와 같은 것이 그것이다. 만약 당신이 이들 중 하나를 보고 질겁했다면 당신은 혼자가 아니다! 이 파괴적인 메시지 전송과 더불어 아이들은 사건을 좀 더 과장하여 극화하는 경향이 있다. 그리고 폭력이나 죽음의 실질적인 의미를 이해하지 못한다(만화 〈톰과 제리〉를 보라.). 따라서 여섯 살짜리에겐 '내가 죽으면 부모님이 나를 사랑하실 거야.'와 같은 각본이 통하는 것이다.

그러므로 여섯 살이라는 것은 힘들 수 있다. 그러나 부정적인 각본을 가지고 있을 경우에 더 나쁜 경우는 한 번 쓰인 각본은 잠재의식 속에 남아 우리가 좀 더 성장하고 초기의 각본을 자극하는 질문에 대해 좀 더 명확하게 대답할 수 있게 된 이후에도 우리의 행동, 선택, 감정, 자기 이미지와 행동에 지속적으로 영향을 미친다는 것이다. 에릭 번은 "각본은 개인의 정체성과 운명을 결정짓는다."라고 씁쓸하게 기록했다.

사업가들은 종종 사랑을 획득하는 것이 불가능한 상태로 설정된 각본에서 비롯된 적절하지 못한 감정에 의해 움직이곤 한다. 때때로 이들은 '이중구속'의 형태를 띤다. 나는 여기에 반격할 만한 강력한 과정을 가지고 있는데, 마지막 장의 끝에서 설명할 것이다.

그러므로 이러한 파괴적인 각본을 일찌감치 확인하고 그것을 치료하기 위해 책의 마지막에 있는 과정을 사용하는 것은 성공적인 비즈니스를 위한 필수적인 단계가 될 수 있다. 만약 당신이 자신은 그럴 가치가 없다거나 또는 승리하는 것이 허용되지 않는다고 말하는 각본을 이어가고 있다면 어떤 기술적인 방법도 당신을 승자로 만들어 줄 수 없다.

3) 게임과 드라마 삼각형

여기에 있는 것들은 매일의 삶에서 볼 수 있는 장면들이다.

1 어떤 사람이 당신에게 조언을 구한다. 당신은 그들의 문제에 대해 생각하고 어떤 답변을 준다. 그러나 그들은 머리를 흔들며, "당신에게는 쉽겠지만……."이라고 말한다. 당신은 새로운 정보를 탐색하고 좀 더 생각하고, 다른 조언을 한다. 그러나 상대방은 여전히 같은 반응을 한다. 이 사이클은 또 반복된다. 그러다 갑자기 그 사람은 "당신은 별로 도움이 되지 않는 것 같아요. 그렇죠?"라고 말하며, 발끈하고 가 버린다. 당신은 난처해진다. 무엇이 잘못된 것일까?

2 당신은 무언가를 하느라 바쁘다. 업무가 늘어나면서 쉽지 않은 일이지만 잘 해내고 있고, 실수에서 배우고 있다. 이때 누군가가 '내가 도와줄게!'라고 말하면서 끼어든다. 약간 뭉그적거리다가 그게 힘들다는 걸 인정하고 일을 예전보다 더 혼란스럽게 해 놓은 채 가 버린다.

3 당신은 집단 따돌림을 분명하게 목격했다. 당신은 그것을 중단시키기 위해 주동자에게 다가가 말을 건다. 주동자는 모든 사람이 자신에게 얼마나 불공평하게 대하는지 푸념하기 시작한다. 그러다가 희생자가 가세하여 갑자기 주동자를 옹호하고 당신을 비난한다. 이것은 주동자에게 해야 할 일 같은데, 당신은 영문을 알 수 없다. 단지 제자리로 돌아가 그를 책망할 자격이 있었나를 생각한다……. 당신은 다시 화가 나고 당황스러운 느낌이 든다.

이와 같은 세 가지 이야기는 당신이 한 번쯤은 경험해 보았던 것이며 TA에서는 **게임**이라고 부르는 것이다. 당신은 텔레비전 드라마에서 이러한 게임의 상황을 쉽게 볼 수 있다. 만약 그들이 구원자, 박해자 그리고 희생자라는 세 개의 역할 중 하나를 행하고 있다면, 그들은 '삼각형' 위에 있는 것으로 묘사된다.

주의해야 할 것은, '구원자'가 좋은 역할인 것처럼 보일 수 있지만 '구원하는' 사람은 상대방이 **요청하지도 않았는데** 역기능적으로 그렇게 하는 사람이며, 두 번째 이야기의 훼방꾼과 같은 인물이라는 것이다.

세 개의 이야기 모두, 누군가는 드라마 삼각형의 어떤 위치에 있으며 당신 역시 세 개의 위치 중 하나를 점하도록 잡아끄는 것이다. 두

드라마 삼각형

번째 상황에서 당신은 아마도 곧 그 기분을 정리하겠지만 쓸데없이 '구원' 하려고 한 서툰 시도에 기분이 상할 것이다. 당신은 희생자로 바뀌었다. 만약 그다음 훼방꾼에게 소리를 지른다면, 당신은 박해자가 되고 훼방꾼들을 희생자로 만들게 될 것이다. 게임은 단지 사람들을 삼각형상에 위치하게 하는 것뿐만이 아니라 삼각형 위를 돌아다니게 한다.

그리고 몇 분 전까지만 해도 당신은 그저 당신의 일에 조용히 집중하고 있었다!

게임은 각본과 자아상태(PAC)에 모두 연결되어 있다. 게임을 하는 사람들은 종종 순응한 어린이 자아상태에 있으며, 마지막에 취하는 위치는 대개 자신의 각본에 있는 것이다.

게임 안에서 당신이 사로잡혀 있으며(내면적으로) 가장 자주 발견되는 증상은 다음과 같다.

- 당신은 단지 상호작용을 하고 있다.
- 이것은 갑작스러운 기분의 변화를 일으킨다.
- '그게 어디서 왔는가?', '그걸 도저히 좋아할 수 없다.'는 혼란스러운 감정이 더해진다.
- 당신은 삼각형의 꼭짓점 중 하나에 있다는 것을 느낀다.
- 다른 사람은 다른 지점에 있다.

물론 직장에서의 핵심은 피곤하고 얻을 것이 없는 게임의 발생을 방지하는 것에 있다. 당신의 팀 안에서 상호작용은 생산적이면서도 사기를 높이는 것이어야 한다.

만약 당신이 이러한 게임 중 하나에 있다는 것을 발견한다면, 다음과 같이 하라.

1 상황을 명확히 하라. 대부분의 게임은 명료성이 부족한 상태에서 나타난다. 게임을 시작하는 사람들은 종종 그들이 원하거나, 기대하거나, 필요로 하는 것에 대해 매우 불분명한 경우가 많다.
2 행동을 취하라. 질문을 하라. "여기서 무슨 일이 일어나고 있는가?"
3 만약 다른 사람이 삼각형 위에서 벗어나는 것을 거부한다면 먼저 벗어나라.

장기적으로는 다음과 같이 하라.

- 팀 안에서 습관적으로 구원자, 희생자 또는 박해자가 되거나 이러한 역할을 하는 사람들을 잘 살펴보고 그들과 함께 다른 이들을 끌어들여 삼각형을 바꾸라. 이 모형을 그들에게 설명하고 스스로의 행동을 모니터하게 하라.
- 행동을 멈추어야 한다는 것을 명확하게 하라.
- 언제나 최고의 명료성을 강조하고 실행하라. 게임은 모호함에서 비롯된다.
- 모든 사람은 때때로 이러한 함정에 빠진다는 것을 이해하라. '모든 사람'에는 당신도 포함된다. 당신은 과도하게 구원하는가? 위임에 실패해서, 당신이 일을 책임지고 인수받기 전에 사람들이 일을 끝내도록 하지는 않았는가? 이것은 똑똑하고 호의적인 리더들이 저지르는 가장 흔한 실수다. 당신의 행동과 그 행동에 대한 감정을 살펴보고 삼각형으로의 진출을 모니터하라.

6. 당신을 변화시켜라: 게임스포팅

텔레비전의 통속 드라마를 보고, 다음을 관찰하라.

- 등장인물들이 드라마 삼각형의 어디에 있는가?
- 어떻게 그들은 다른 사람들을 드라마 삼각형에 위치하도록 끌어들이는가?

드라마의 일부 등장인물은 삼각형의 한 코너에 머물며 움직이지 않는다. 다른 인물들은 삼각형의 여기저기를 옮겨 다닌다. 인물들이 움직이는지 움직이지 않는지를 관찰하라. 만약 그들이 움직인다면, 어떻게 움직이고, 어디로 가는가(만약 한 명의 인물이 유독 많이 움직인다면 전체 에피소드를 통해 삼각형상에서의 그들의 움직임을 추적하라.)?

만약 특정 드라마가 그러한 예로 가득하다면, 녹화해서 상호작용을 면밀히 연구하라. 사람들이 어떻게 게임을 시작하는가? 단지 말뿐만이 아니라 행동이나 몸짓, 표정까지 모두 관찰해야 한다. 그리고 어떻게 다른 인물들이 끼어들게 되는지를 관찰하라.

여기에 익숙해졌다면 사람들이 실생활에서 하는 행동을 관찰하라.

또한 당신 자신을 관찰하라. 다른 사람들이 당신을 삼각형에 위치시키면서 게임에 끌어들이는 시도에 주목하라. 당신이 게임을 시작하는가? 스스로를 지나치게 몰아붙이지는 마라. 우리 대부분은 이러한 행동을 하곤 한다. 완벽한 목표는 이러한 상황에 절대 농락당하지 않는 것이 아니라 이러한 일이 재발하는 횟수를 줄이는 것이며 이것을 잘 분별해 내는 것이다! 그리고 빨리 벗어나서 모든 사람들의 자존감을 손상시키지 않으면서 일을 처리하도록 하기 위함이다.

팀 만들기

- **위임**
  - 당신보다 능숙한 사람을 골라라.
  - 계속되는 과정이다.

- **첫 직원**
  - 어떻게 보스가 되는지 당신에게 가르쳐 줄 수 있는 사람

- **팀의 성장**
  - '다양한 직원'을 조합하라.
  - 4E와 C 모델

- **초석 놓기**
  - 사업의 핵심적인 전문가
  - 다양한 직원 중에 누가 이러한 역할을 하는 사람으로 성장할 수 있는가?

- **사업 파트너**
  - 보완적인 기술을 가진 파트너를 선택하라.
  - 보스는 오직 한 명이다.

■ TA(교류분석)

- 사람들은 왜 아주 나쁜 방법으로 의사소통하고 서로 참견하는가.
- PAC – 당신과 다른 사람들이 어디에 있는지 깨달아라.
- 각본 – 만약 당신이 어떤 이야기를 꾸려 가고 있다면, 그것을 승자의 것 으로 만들어라.
- 게임 – 빨리 발견하고 드라마를 중단하라.

제트기류 타고
비상하기

06

Think Like an Entrepreneur:
Your Psychological Toolkit for Success

06

제트기류 타고 비상하기

Think Like an Entrepreneur:
Your Psychological Toolkit for Success

이 장은 많은 사업가가 실패하게 되는 부분인 빠른 성장에 관한 이야기다. 빠른 성장을 한다는 것은, 굉장히 멋진 시간이 될 수 있다. 당신은 시작한 모든 사업을 성취해 왔다. 당신의 분야에서 유명해졌으며, 존경받고 있다. 비즈니스는 갑자기 경이로운 추진력을 갖는 것처럼 보이기 때문에 이러한 은유를 쓴다. 올바로 조종하고 있다면 멋진 시간이 되겠지만 잘못 조종하고 있다면……

바야흐로 큰 결정을 내려야 할 시기다. 무엇보다도 실질적으로 '다음 단계로' 성장하기를 바라는지 신속하게 결정해야 한다. 많은 비즈니스는 안정 상태에 머무르는, 작지만 견고하며 존경받는 전문적인 비즈니스를 선호하기보다는 계속적으로 성장해 나가려고 한다.

'제트기류'를 따라 빠르게 성장하는 것을 선택할 수 있는데, 이는 그런 선택을 한 회사들을 엄청난 성공으로 이끄는 것처럼 보인다. 역설적으로 이 시간은 때때로 뒤로 한 걸음 물러나 팀을 구성하는 데 집중하고 회사의 삶에서 새로운 측면을 다룰 수 있게 하는 시간이다. 이 시점에서 당신은 CEO가 될 것이다. 그 후 당신의 선택에 따라 CEO를 고용하고, 당신은 효율적인 투자자가 될 수도 있다. 단일 사업주에서 '연쇄 창업자'라고 불리는 사람으로 이동할 때다. 또는 그냥 계속해서 하던 일을 하면 된다!

나는 여기에 필수적인 시스템적 사고systems thinking의 개념과 '산뜻한 출발'을 위해 각오해야 하는 과정에 대해 이야기하면서 이 장을 마무리 할 것이다.

1. 작은 상태로 머물러 있기

온라인 소매상인 스티븐Stephen은 그의 회사를 20명의 규모로 성장시켜 왔다. 그는 그것이 충분하다고 결론 내렸다. "나는 큰 사업을 꾸리려 했지만 그것은 끔찍하게도 모두 아니었다. 좀 더 작은 이 비즈니스는 나만의 기차놀이 세트를 갖는 것과 같다. 나는 매일 나의 다락방으로 가서 놀 수 있으며, 조정하면서 그것을 좀 더 나은 것으로 만들 수 있다. 나는 그것을 정말 사랑한다."

이와 같은 사업가들은 많으며, 이들은 주로 매우 전문적이고, 매우 만족해하는 소규모의 고객을 보유하고 있다. 그들은 때때로 '부티크' 비즈니스라고 불리기도 하는데, 이것은 그들이 패션업과 관련이 있어서가 아니라 단지 그들이 작고 전문적이며, 그러한 방식으로 머무르는 데 행복해한다는 것을 의미한다.

1) 좀 더 나은 비즈니스로 만들기

여기까지 성장해 온 비즈니스들은 여정을 통해 종종 마모 신호를 보낸다. 좁고, 에어컨이 없는 싼 건물에, 싸구려 카펫, 오래된 컴퓨터와 같은 것들 말이다. 사실 이것은 정통하여 숙련되었다는 신호다. 작은 기업에서는 꼭 필요하지 않은 것에 지출하기에는 현금이 너무 귀중하다. 그러나 만약 당신이 안정적인 상태에 머무르고자 결정한다면 지금이야말로 비즈니스를 좀 더 일하기 좋은 환경으로 만들 때다.

이것은 단지 관대함의 문제가 아니다. 작은 틈새 비즈니스로서 당신은 최상의 사람들을 유지하고 최고로 우수한 새로운 직원들을 유치하고 싶다. 그러나 그러한 사람들은 당신이 아무리 많은 돈을 준다고 해도 꾀죄죄한 사무실에서 일하기를 원하지 않을 것이다. 왜 그럴까? 그들은 전문가가 되기 위해 열심히 일해 왔다. 그러므로 쾌적한 환경에서 일하기를 바란다. 환경은 논리 수준에서 최하위의 것일 수 있지만, 만약 이러한 경우처럼 매우 숙달된 사람들에겐 그들의 일이 적어도 다른 수준에서 만족을 제공한다면 강력한 동기 부여 요인이 될 수 있다.

건설업계에서 성공한 사업가인 클리브Clive는 런던의 가장 비싼 지역에 있는 호화로운 집에 살았다. 주중과 대부분의 주말에는 런던의 할러웨이* 근처 가난한 지역에 있는 무너져 가는 사무실로 페라리를 몰고 갔다. 사무실은 중앙난방이 되지 않을 뿐 아니라, 20년 동안 수리가 되지 않았다. 그러나 클리브는 여전히 하루의 12시간을 거기서 보냈다. 이는 그가 자신의 호사스러운 집에서 보내는 것보다 많은 시

---

* 역자 주: 할러웨이는 런던 북부에 위치한 곳으로, 영국 최대의 여성 교도소가 있는 지역이다.

간이었다. 이유가 무엇일까? 아무것도 가진 것 없는 상태에서부터 올라온 많은 사업가처럼 클리브 역시 비즈니스는 경제적으로 운영되어야 한다고 믿었다. 물론 그가 옳았다. 하지만 지금은 지갑을 살짝 열어야 할 때다. 다행히도 그는 그렇게 했다. 어느 날 페라리를 처분하고 좀 더 괜찮은 지역으로 사무실을 옮겼다. 직원들은 매우 기뻐했고 그 역시 행복했다.

또한 지금은 좋은 보수와 '혜택'으로 정말로 잘하고 있는 직원들에게 보상을 해야 할 때다. 당신의 비즈니스는 더 이상 성장하지 않을 테지만, 그들은 당신 옆에 남기 위해 승진의 기회를 포기할 수도 있다.

2) 당신 자신을 위한 어떤 것

성장하고 있는 비즈니스의 많은 오너와 관리자는 클리브보다 훨씬 더 검소하게 산다. 비즈니스는 언제나 추가적인 투자를 필요로 해왔기 때문에 그들은 비즈니스로부터 많은 돈을 벌지 못했다. 만약 비즈니스가 '안정 상태'에 있다면 이제는 그것 이외의 무언가를 좀 더 취하기 시작해야 할 시점이다. TA에서 평범한 각본은 '많은 고난을 견뎌내기 전까지 좋은 일은 일어나지 않는다(전문용어로는 '까지until' 식 각본이라고 함.).'의 형태를 취한다. 예를 들면, 일부 부모는 "아이들을 키우는 것은 힘들지만, 아이들이 자라서 이 집을 떠나고 나면 우리는 우리의 삶을 다시 즐길 것이다(우리가 아이들을 다 키울 때까지는 우리의 삶을 즐길 수 없어.)."라고 말한다. 또 일부 예술가는 '성공하기 전까지 치러야 할 대가'에 대해 말한다. 그리고 일부 사업가는 그가 비즈니스를 정립하기 위해 투쟁해야 하며 오직 비즈니스가 매각되었을 때 그 열매를 즐길 수 있다고 믿는다. 이러한 태도는 부분적으로 일리가 있지만 단지 일부일 뿐이다. 삶은 고난의 연속이 아니며, 여정을 즐겨야 한다. 만약 이제껏 비즈니스에만 집중해 왔다면, 이제는 다른 것에도 눈을 돌려볼 때다. "가끔은 너 자신에게 한턱내는 것이 필요해. 그것은 네가 왜 최고의 자리에 가야 하는지를 상기시켜 줄 거야."라고 우리 아버지가 말씀하셨듯이 말이다.

전략적인 용어로, 이 안정 상태의 비즈니스는 '캐시 카우cash cow*'가 되어 가고 있다. 이 용어는 보스턴 컨설팅 그룹 매트릭스Boston Consulting Group matrix에서 온 것으로 다른 분야에서는 '스타star'(점유율과 성장률이 높음), '물음표question mark'(점유율은 낮지만 성장 가능성이 높음), 또는 '개dog'(실패. 적어도 당신은 아니다.)가 있다. 캐시 카우에 대한 은유가 적절하다. 비즈니스는 현금의 흐름을 위해 돈을 짜내고 있다. 그러한 비즈니스들은 단지 '그들 자체만 경영하도록' 남겨져서도 안 되지만, 빨리 성장하는 '스타'를 뒷받침하는 데 필요한 투자를 요하지도 않는다. 따라서 여유 자금은 사업가와 직원 그리고 부동산을 위해 사용될 수 있다.

2. 스타의 탄생

하지만 대부분의 사업가는 '작은 상태로 머물러 있기'를 선택하지 않는다. 그들은 빠른 성장, 잠재적인 스타의 위치와 함께 오게 될 엄

---

* 역자 주: 암소는 사료만 제대로 주면 우유를 계속 생산할 뿐 아니라, 그 우유로 치즈까지 만들 수 있어 안정적인 수익 창출이 가능하다. 캐시 카우는 우유가 아닌 현금을 짜내는 젖소, 즉 막대한 현금을 제공해 주는 마진율 높은 기업이나 상품을 의미한다. 보통 성장 가능성은 낮지만 점유율을 높일 수 있어서 안정적 수익을 가져다 줄 수 있는 분야를 말한다.

청나게 큰 보상에 주목한다. 만약 당신이 이 선택을 따르기로 결정한다면 스스로에게 다음 다섯 가지 핵심적인 질문을 해 보아야 한다.

1 "왜?"

2 "나는 위험 요소를 이해하고 있는가?" 성장의 다음 국면은 당신이 사업을 처음으로 시작했을 때나 첫 직원을 고용할 때만큼이나 위험하다. 이를 실행함에 따라 당신은 비즈니스를 파산 상태의 위험에 처하게도 할 수 있다.

3 이를 기억하고, "다음 단계로 가기 위해 내 비즈니스를 걸 것인가?"를 질문하라. "대답이 그렇지 않다."라면 하지 마라!

4 만약 그러기로 했다면, 다음 질문은 "이 새로운 사업에도 여전히 나를 위한 역할이 있는가?"다.

5 마지막으로, 당신은 "현재 나의 초석들이 좀 더 높은 단계로 성장할 능력이 있는가?"를 꼭 물어보아야 한다.

좀 더 자세한 설명을 위해 다음을 살펴보자.

• **왜?**   일부 사람은 허영심 때문에, 또는 들떠서, 또는 수천만 파운드의 가치가 있는 회사를 갖는 꿈에 매혹되어 왔기 때문에 빠른 성장의 제트기류에 그들 자신을 맡긴다. 무분별하게 말이다. 성장을 위한 바람직한 동기는 회사가 성장 가능성이 있다는 진심에서 우러나오는 확신과 성장을 안전하게 성취할 수 있다는 충분히 강한 신념뿐이다.

• **위험 요소**   이러한 도약을 이루어 내는 현명한 사업가는 사실상 그들이 이제까지 이루어 온 모든 것을 완전히 새로운 시도에 걸 것이다. 왜? 본질적으로 이것은 사람에 관한 것이다. 당신은 빠른 성장을 다루는 전문가가 필요하다. 그들에 의해 도입될 모든 행정적인 절차와 함께 적절한 인적자원 관리와 원가 관리가 필요할 것이다. 그리고 만약 당신이 CEO가 되기에 적임자가 아니라면(또는 원치 않는다면), 당신은 그러한 사람이 필요할 것이다. 그는 상당한 연봉과 좀 더 좋은 고가의 시스템 설치, 쾌적한 환경을 원할 것이고, 일반적으로 모든 것과 모든 사람이 좀 더 구조화되고 비즈니스화되게 하는 데 돈을 쓸 것이다. 이 모든 것은 비용이 든다. 당신은 이러한 모든 요구를 충족시키기 위한 여유 자금을 확보할 수 있는가? 빠른 성장이 직선적인 경향이 있다고 할지라도, 높은 연봉을 요구하는 새로운 사람이나 비싼 시스템 때문에 자금에 대한 새롭고 갑작스러운 요구가 생길 수도 있다.

• **여전히 나를 위한 역할이 있는가**   아마 그렇지는 않을 것이다. 개별적으로는 잘 모르지만 어떤 작은 특정 기능을 매우 잘 수행하는 사람들로 사무실이 채워짐에 따라, 작은 팀의 수장이었던 당신의 오래된 사람들은 사라질 것이다. 재무, 영업, 마케팅과 생산 기능의 리더로서 당신이 현재 수행하고 있는 다른 역할에 대해 당신은 이제 위임을 준비하고 있다. 그렇다. 거기에는 당신에게 보고하는 이러한 기능의 리더들과 더불어 CEO라는 당신을 위한 새로운 역할이 있다. 그러나 대부분의 사업가는 이 역할에 능숙하지 않다. 그래서 당신은 아마도 이 일 또한 다른 사람에게 부탁해야 할 것이다. 그 과정은 이 장의 끝에서 다루기로 하겠다. 그리고 당신은 아마도 사장의 모습으

로, 그리고 아마도 투자자의 모습으로서 마무리하게 될 것이다.

• **초석 업그레이드하기**　　비즈니스를 성장시키기 위해 당신은 당신의 분야에 따라 CEO, 재무 담당 이사, 영업과 마케팅 담당 이사, 최고 운영 책임자(COO), 그리고 어쩌면 기술 분야 또는 다른 전문 이사들과 같은 효율적인 이사회를 갖는 것이 필요할 것이다.

핵심 질문은 다음과 같다. "비즈니스가 성장함에 따라 당신의 작은 비즈니스에서 하던 기능을 기존의 직원들이 지속해서 수행할 수 있는가?" 그것은 두 가지 이유에서 어려운 일이다. 하나는 당신이 그들에게 좀 더 많은 권한을 넘겨 주려 한다는 것이다. 지금까지 당신은 그들에게 '실행하고 정기적으로 보고하기' 단계에서 상대적으로 적은 업무를 주면서 눈감아 주었다. 당신이 좀 더 바빠지고 그들을 가까이에서 관리할 시간이 없어짐에 따라 당신은 그들이 좀 더 많은 책임을 지길 원한다. 두 번째 이유는 일 자체가 좀 더 힘들어진다는 것이다. 빨리 성장하고 있는 회사에 알맞게 자금을 조달하는 것이 어렵다는 것은 명백한 사실이다. 점점 더 많은 영업 사원, 대규모의 캠페인 준비, 생산 증대 등을 다루어야 한다. 지금의 절반 규모로 운영되고 그들이 하고 있는 기능이 절반 정도만 감독되던 당신의 옛날 작은 회사에서는 일을 아주 잘했던 누군가도 새롭고 빠르게 성장하는 회사에서는 희망이 없을 수도 있다.

만약 잘못 알고 있었다면……. 심지어 오래된 한 초석이 좀 더 어려운 일을 하기 위해 좀 더 큰 책임을 갖고 도약하는 데 실패한다면 이것은 비즈니스를 파괴할 수도 있다. 하지만 그래도 당신은 그들을 알고, 좋아하고, 신뢰한다. 그들은 여정을 함께하며 당신을 도와왔다.

내 경험에 따르면, 대부분의 사업가는 변화를 위해서는 어떤 사람을 고용하지 말아야 하는지 '직감으로' 알고 있다. 만약 그렇다면 그 사람은 나가야 한다. 종종 그는 팀에서 가장 좋은 사람이지만, 지금 이 순간 당신은 정에 연연할 만한 여유가 없다. 당신의 비즈니스가 성공적이라면 아마도 너그러워질 여유가 생길 것이다.

대안은 이러한 사람에게 경험이 많고 새로우며 '매우 유능한' 초석 아래에서 일을 할 수 있는 선택권을 주는 것이다. 내 경험상 이것은 상당히 불쾌한 관계가 될 것이다. '제트기류' 속에 있는 비즈니스는 특정 개인의 능력보다 커지는 지점까지 성장하고, 직원들은 종종 승진해야 한다(그 직원들이 부적격인 수준으로 승진하게 된다는 피터의 원리Peter Principle*를 기억하라.).

당신이 하지 말아야 할 것은 당신의 모든 초석을 **동시에** 업그레이드 하는 것이다. 내가 생각하기에 당신이 집중해야 하는 가장 첫 번째는 운영이다. 운영은 비즈니스의 상태 전환이 유지되게끔 한다. 만약 여기서 꽉 막힌다면 당신은 나머지 것을 신경 쓸 여력이 없을 것이다.

다음으로는 진정한 재무 담당 이사를 찾아야 한다. 여기에 적합한 능력을 갖춘 누군가를 고용하는 것은 당신의 자본 프로세스가 성장의 압박을 다루고도 남을 만큼 강하다는 것을 보장할 뿐 아니라 다른 투자자나 은행을 안심시킬 수 있게 된다. 만약 일이 잘 안 풀린다면 투자자들과의 관계는 '아주 다른 것'이 된다.

17　역자 주: 1969년 로렌스 피터(Laurence J. Peter)가 자신의 저서 『피터의 원리 The Peter Principle』에서 주장한 것. 조직 내에서 일하는 모든 사람은 자신의 무능력 수준에 도달할 때까지 승진하는 경향이 있어 시간이 지남에 따라 조직의 많은 사람이 임무를 제대로 수행하지 못하는 무능한 사람들로 채워지게 되고, 이에 따라 아직 무능력의 단계에 도달하지 않은 사람들을 통해 과업을 완수하게 된다는 것이다.

엔지니어링에서 성공한 사업가인 라지는 비즈니스가 낮은 수준에 있을 때 상당히 효율적인 재무 초석을 가지고 있었다. 비즈니스를 성장시키기로 결정했을 때, 라지Raj는 이 사람을 재무 담당 이사로 임명하기로 결정했다. 하지만 그는 늘 재무 감사나 그룹의 경리부장과 같은 일을 했을 뿐 한 번도 재무이사로서의 경험을 해 본 적이 없었다. 그의 승진은 불가능한 것으로 보였다. 이 불쌍한 리더는 부하 직원들과의 사이가 매우 불편해졌다. 그는 지극히 단순한 현금 흐름 모델을 생산했고, 따라서 비즈니스는 자금이 끊기게 되었다. 좋은 실적을 가진 성공적인 비즈니스가 위기에 처한 것이다.

요즘은 성장하는 비즈니스에 경력 있는 시간제 재무이사를 즉각적으로 제공해 주는 회사들이 있다. 이것은 그런 변화를 좀 더 쉽게 만들어 준다. 시간제로 일하는 사람은 그들의 업무량이 늘어남에 따라 전일제로 옮길 수 있다.

마지막으로, 영업과 마케팅이 있다. 내가 아는 많은 사업가는 대개 영업 기능을 넘겨 주는 것을 거부한다. 그들은 영업 책임자를 고용하지만, '중요한 거래를 성사시키고 유지하는 것'은 그들 스스로 한다. 이것은 부분적으로 큰 고객들이 '사장'과 거래하는 것을 좋아하기 때문이고, 일부는 사업가들이 이후에 사라질지도 모르는 다른 누군가에게 그들의 거래를 넘겨 주려 하지 않기 때문이다. 따라서 만약 당신이 영업 초석을 얻는다면 그 사람이 당신의 회사에 머무르게끔 하는 동기 부여가 필요하다는 것을 명심하라.

1) 코치를 받아라

만약 당신이 비즈니스 코칭을 받아 본 적이 없다면, 지금이야말로 좋은 기회다. 당신의 초석들 역시 코칭을 받는 것이 좋다.

성공적인 사업가를 코칭한 경험이 있는 코치를 구하라. 당신에게 도전할 수 있으며 당신이 듣기를 원치 않는, 그러나 꼭 필요한 이야기도 서슴없이 말할 수 있는 사람으로 구하는 것이 좋다. 동시에 당신이 좋아하고 믿을 수 있으며, 그 또한 당신을 좋아하고 신뢰하는 코치를 찾아라. 이 변화의 시기 동안, '의제agenda(당신의 직원이나 주주들은 반드시 당신을 위한 의제를 가지고 있다.)' 없이 당신에게 관심을 갖는 누군가를 만나는 것은 신선하고 고무적인 일이다.

팀의 다른 구성원들도 발전 과정에 있어야 한다. 부분적으로 이것은 훈련을 통해 효과를 볼 수 있다. 그래서 나는 내 회사의 모든 팀을 시간 관리 교육에 보냈다. 그리고 납득할 만한 이유로 교육을 요청한다면 기꺼이 사람들을 교육과정에 보낼 것이라는 것을 알렸다. 그 밖에 나는 회사에 학습문화를 형성하려고 노력했다. 나는 모든 사람에게 만약 그들이 나에게 와서 무언가를 어떻게 하는지를 묻는다면, 그것을 보여 주거나 그것을 보여 줄 다른 누군가를 구할 것이라고 말했다. 몰라서 **질문하는 것**은 결단력과 지혜의 표시이지 어리석음의 표시가 아니다. 나는 그것이 회사 전체로 퍼질 것이라고 믿는다. "만약 모른다면, 질문하라."

이러한 개입에 드는 비용이 반드시 비쌀 필요는 없다. 만약 당신의 오랜 작은 비즈니스의 초석들이, 성장하는 회사의 유능한 일꾼으로 자리매김 할 수 있다는 것이 보장된다면, 새로운 초석을 얻기 위해 시장에 진출하기보다는 초석에 대한 훈련과 코칭이 실질적으로 많은 돈을 절약하게 해 줄 것이다. 물론 그것 역시 장기적인 투자다. 장기적인 목표는 '사업가 칩'을 교체하기 위한 '팀 칩'을 만드는 것이다.

자신의 기능을 자동적으로 알 뿐 아니라 다른 이들의 방식과 강점, 약점 그리고 '팀 칩'은 일종의 단위로서의 팀의 기능과 같은 것으로 사람들은 자신의 비즈니스 운영상의 제약을 안다. 당신은 다음과 같은 조언을 듣는다. "샐리는 그것을 받아들이지 않을 거예요…….", "케빈은 우리가 이것을 하기 전에 ○○와 △△를 원할 겁니다.", "제가 영업부장이라고 해도, 당장은 겨우 5% 정도 성장할 가능성이 있다고 보입니다."

3. (누에)고치 단계

사업가들은 보통 상당히 외부 지향적이어서, '밖에서' 바쁘게 거래를 진행하거나 핵심적인 거래처를 유지한다. 하지만 이와 같이 내부적으로 커다란 변화가 있을 땐 초점을 회사 내부로 돌리고 새로운 팀이나 최근에 생긴 주요 팀과 친밀한 관계를 형성하는 것이 필요하다.

당신은 이러한 변화에 준비되어 있어야 한다! 당신은 핵심 고객들을 점심 식사에 초대해 팀을 만드는 데 좀 더 시간을 사용할 것이고, 이것이 6개월 정도 걸릴 것이라고 설명해야 한다. 또는 그들을 안심시킬 수 있는 긴 전화 통화도 필요하다. 당신은 여전히 그들의 비즈니스나 그들이 당신에게 주는 무언가를 원한다. 만약 어떠한 관련이 있다면 지체 없이 그들에게 연락할 것이라는 것을 납득시켜라. 당신은 언제든 접촉이 가능하다. "이렇게 하다가는 비즈니스가 망하는 것은 아닐까?" 하는 두려움도 느낄 수 있을 것이다. 그러나 나의 경우, 어떠한 비즈니스도 이 단계에서 실패하지 않았다. 당신의 핵심 고객들과 투자자들은 당신이 그러한 이야기를 털어놓은 것에 대해 기쁘게 생각하거나 영광으로 여기고, 그 단계가 지나치게 길지 않다면 아마도 기다릴 것이다(그러나 그 기간이 9개월 이상이 된다면 인내심이 줄어들기 시작할 것이다.).

이 기간 동안 당신은 매우 집중해야 하고 명료하며 체계적이어야 한다. 매우 능률적인 개인 비서를 두어라. 회의에서 상세하게 기록하고 모든 것이 사후 점검되는 것을 확실히 하라.

1) 당신은 CEO다

이제 당신은 사실상 이렇게 크고, 성장하고 있는, 구조화된 비즈니스의 CEO다. CEO의 주된 업무는 초석이 일을 잘하고 있는지 확인하는 것이다. 만약 당신의 초석 중 하나가 실수를 했고 당신이 그것에 대해 모르고 있다면 당신은 자신의 일을 제대로 하고 있는 것이 아니다. 이와 유사하게 그들이 잘못을 저질렀는데 당신이 그들을 비난하기 시작한다면, 이것 또한 CEO 역할을 잘하고 있는 것이 아니다. 트루먼 대통령의 책상을 기억하라.

당신은 초석들의 실적을 모니터할 수 있게 시스템을 정립하는 것이 필요하다. 그러나 나에게 있어서 이 일의 핵심은 코칭이다. 당신은 초석들의 코치가 되어야 한다.

이 단계에서 나의 접근법은 분기별 리뷰와 여기에서 합의된 목표들의 진척을 면밀히 검토하기 위한 주간 미팅을 여는 것이었다. 나는 이러한 분기별 리뷰와 주간 미팅을 나머지 내 팀원들과 했던 것과 마찬가지로 네 명의 초석들과 각각 일대일로 진행했다. 또한 나는 이 시기 동안 많은 코칭을 받았다.

분기별 리뷰는 가장 중요한 부분이었다. 그것은 2~3 시간에 걸쳐 진행되었는데, 거기서 우리는 앞으로 3개월 동안의 목표를 정했다. 이 목표는 운영상의 것뿐 아니라 나를 대신할 새로운 체계와 절차들을 개발하고 그 분야에서 초석들의 업무를 성장시킬 수 있도록 하는 것이었다. 목표를 마무리 짓기 위한 추후 미팅에 합의한 후에 초석들은 우리가 합의한 목표의 상세한 목록을 나에게 보내기 위해 5일의 시간을 갖는다. 이것은 지나치게 까다로운 것처럼 보일 수도 있지만, 그것을 통해 우리가 합의했다고 생각한 것들을 **그들** 또한 합의했다고 믿는지를 내가 확인할 수 있다는 데서 필수적이다.

얼마 후, 그들은 그들 자신의 목표를 만들기 시작했으며, 이것은 관리management라기보다 고객이 '의제'를 정립하는 좀 더 진정한 코칭 시간이 되었다. 우리는 좀 더 크고, 좀 더 일반적인 동기 부여의 이슈에 집중할 수 있었다. 그리고 나는 곧 옆으로 비켜서서 그들을 위해 어떠한 의제도 갖고 있지 않은 전문 코치에게 개인적인 작업을 위임할 수 있었다.

나는 가끔 어떤 분야를 개선하기 위해 보완적인 강점을 가진 엔지니어 초석들과 일을 하곤 했었다. (누에)고치 단계 동안 정말 큰 차이를 만들었던 활동은 네 명의 초석들과 함께 매달 하는 '최고의 팀' 미팅과 팀 목표 설정하기, 사회적 사명 만들기였다. 이를 통해 새로운 기업 문화가 탄생하였고 관리자라기보다는 리더로서의 내 역할이 진정으로 나타나게 되었다. 나에게 있어 NLP 훈련의 가치는 이루 말할 수 없었다.

고치 안에서 변화하고 있는 것은 단지 비즈니스만이 아니다. 당신은 작은 비즈니스의 CEO에서 성장하는 비즈니스의 리더로 변모하고 있다. 이 단계에서는 읽어야 할 많은 것이 있고, 철학적인 변화가 필요하다. 이 지점까지 나는 본질적으로 일을 마무리 짓는 관리자였다. 리더로서의 책임은 좀 더 넓은 것이었다. 피터 드러커Peter Drucker는 "관리는 일을 올바르게 하는 것이고, 리더십은 올바른 일을 하는 것이다."라고 말했다.

내게 가장 큰 영감을 준 책은 스티븐 코비의 『**성공하는 사람들의 7가지 습관**』이었다. 비전과 사명에 초점 두기, 우리의 미래를 읽고 상상하는 데 시간 보내기, 팀 세션 계획과 내 초석들을 리더십 수준으로 끌어올리기 위해 격려하기, 일상의 일에 대한 집착을 내려놓기에 의해 좀 더 많은 것을 성취할 수 있게 했던 이 모든 아이디어는 나에게 근사한 해방이었다(드러커의 말을 다시 인용하자면, 관리는 '비즈니스에서 일하는 것으로부터 비즈니스를 발전시키기 위해 일하는 것으로 옮겨가는 것'이었다.). 그리고 좀 더 중요한 것은 이에 따라 비즈니스가 성장의 제트기류와 번영으로 들어가는 데 도움이 되었다는 것이다.

4. CEO 고용하기

이와 같은 내용에도 불구하고, 나는 결국 다음 단계로 옮겨 갈 필요가 있다는 것을 알게 되었다. 그것은 위임 사이클에서 마지막 여정의 단계였다. 리더가 되는 기술을 마스터한 다음 그 역할을 넘기는 것이다. 다른 사업가들은 이 새로운 역할에 적응하며 비즈니스를 잘 꾸려나갈 것이다. 나는 새로운 것을 시작해야 한다는 압박을 느꼈고, 이것은 풀타임 비즈니스의 리더십과는 양립할 수 없는 것이었다. 따라서 그것은 CEO가 될 적임자를 찾아야 할 시간이 되었음을 의미하는 것이다.

초석을 세우는 것과 달리, 내부적인 승진이 그러한 사람을 제공할 가능성은 거의 없다. 예전에 비즈니스를 꾸려 본 누군가가 필요하다. 나는 다행히 이직전문가협회Society of Turnaround Professionals를 통해 나와 함께할 사람을 찾을 수 있었다. 가장 중요한 이 자리에 적합한 사람을 얻기 위해 광고나 헤드헌터 등 필요한 것은 무엇이든 하라.

이 사람과 당신의 관계는 매우 밀접할 것이다. 보기에 따라 당신은 여전히 그들을 관리하고 있지만, 다른 한편으로는 그들이 당신을 관리하고 있다. 역설적이게도, 고용주로서의 나의 커리어는 다시 제자리로 돌아왔다. 내가 가장 처음 고용했던 사람인 개인비서에게 질문했던 것처럼, "내가 당신을 어떻게 써야 할까요?"라고 새로운 CEO에게 같은 질문을 해야 했다. 그 역시 나에게 말해 주었다.

당신이 잘 선택했다 할지라도 그와 당신 사이에는 '창조적 긴장creative tension'이 있을 것이다. 그들은 제트기류 안의 삶에서 전문가다. 당신의 전문성은 당신의 비즈니스 안(당신의 사람들, 당신의 고객, 당신의 인맥, 당신의 시장, 당신의 분야)에 한정되어 있다. 좋은 사업가들은 그들의 비즈니스와 관련된 이슈에 대해 외부인들은 가질 수 없는 일종의 직감을 가지고 있다. 따라서 그러한 모든 긴장과 함께 당신은 '어른' 자아상태에서 이러한 이슈를 터놓고 논의해야 한다. 이런 이유 때문에 당신이 당신의 CEO와 함께 핵심 가치를 공유하는 것은 중요하다. 스키에 대한 관심처럼 사소한 것이 아니라 비즈니스, 그리고 일반적으로 삶에 대한 깊은 안목을 말한다. 예를 들면, 내 CEO와 나는 모두 "비즈니스가 사람에 관한 것이다."라고 강하게 믿고 있으며 개인을 성장시키는 데 열정을 가지고 있다.

당신과 당신의 CEO는 독자적인 코치를 받는 것이 좋다.

5. 높이 비상하라

'유능한' 초석들을 심고 위임하기, 그리고 CEO를 뽑고 전체 비즈니스를 위임하기와 같은 앞의 모든 것은 비즈니스를 손에서 내려놓기 위한 연습 과정이었다. 많은 사업가는 이것이 어렵다는 것을 깨닫는다. 일찌감치 그들은 그들 자신의 자아를 비즈니스로부터 분리시키는 것이 필요하다. 그러나 많은 이가 그렇게 하지 못한다. 어린이 자아상태는 무언가를 놓아 주는 것을 두려워한다. 그러나 권력에 매달리는 독선적인 사업가는 비즈니스를 파괴할 수도 있다.

우리의 대부분은 자아의 일부분이 비즈니스와 결부되어 있는데, 조금 고통스럽겠지만 자신의 비즈니스를 CEO에게 넘겨 줄 방법을 찾아야 한다. 나는 CEO의 능력과 성향에 확신이 생기자 어깨의 짐을 내려놓은 것처럼 홀가분함을 느꼈고, 편안하고 행복했으며, 심지어는 좀 더 건강한 사람이 되었다.

본질적으로 나는 나보다 더 나은 사람을 내 비즈니스의 CEO로 임명했다는 것을 안다. 한때는 나 혼자했던 다른 기능에 대해서도 마찬가지였다. 협상을 하거나 시스템을 디자인하는 것과 같이 특정 기술과 능력이 당신 스스로를 자랑스러워하는 분야라고 할지라도 말이다. 또한 나는 성실하게, 그리고 열심히 일하고, 우리가 진정으로 성장할 수 있도록 공헌한 사람들에게 성과급을 주는 것과 같은 구조화된 체계를 만들었다. 내 비즈니스를 위해 열정적이고 활기차게 일하는 사람들을 일터에서 본다는 것은 매우 기쁜 일이었다!

다음은 무엇인가? 일부 사업가들은 이 지점에서 비즈니스를 매각한다. 하이테크 엔지니어링 분야의 사업가인 폴Paul은 자신의 지분을 팔기로 결정하였기 때문에 비로소 은퇴를 하고 요트 여행을 갈 수 있었다. 2년 후, 그는 기업 경영으로 다시 돌아왔다. 그가 돌아오고 10년이 지나자 폴은 20개가량의 작은 비즈니스 포트폴리오를 갖게 되었으며, 이것은 그가 예전에 소유하고 경영했던 단일 비즈니스보다 '훨씬 흥미진진하고 역동적'이라는 것을 알게 되었다.

만약 당신이 비즈니스를 매각하지 않았다면, 당신의 마음속에는 여전히 책임감이 남아 있는 것을 발견하게 될 것이다. 궁극적으로 책임은 여전히 당신에게 있다. 이것이 언제나 매우 만족스러운 것만은 아니다.

당신이 매각하든 매각하지 않든지 간에, 당신은 미래의 프로젝트를 위해 주변을 둘러보기 시작할 필요가 있다. 나에게 이것은 쉬운 일이었다. 심리학과 인간 성장에 대한 매력은 나를 NLP와 코칭으로 이끌었고 유럽 NLP 학교와 코칭 자문회사를 설립하게 했다. 당신은 다른 역할이나 시도를 진정으로 즐기면서 할 수 있는지 생각해야 하며, 어떻게 이것을 해낼 수 있는지 적절히 조사해야 한다. 또한 새로운 역할을 위해 유용하게 사용할 새로운 지식을 배우는 데 시간을 할애해야 한다.

만약 당신이 코치를 구하지 않았다면 지금 당장 찾아보고 비즈니스를 당신의 손에서 내려놓을 수 있도록 돕게 하라. 당신이 성장하고 있다고 할지라도 심리적으로는 힘든 시간일 것이다. 많은 사업가에게 정체성은 비즈니스를 소유하고 경영하는 것 자체를 바탕으로 하고 있다. 그러므로 비즈니스를 그만둔다면, 특히 회사를 팔고 관계를 정리한다면, 새로운 정체성을 개발하지 않는 한 심각한 금단증상으로 고통받을 수도 있다.

이 장의 마지막 부분에는 이와 관련하여 당신을 도울 수 있는 연습이 있다. 하지만 나는 우선 어떻게 해야 이렇게 되지 않을 수 있는지에 대해 잠깐 이야기하려고 한다.

한 사업가 X(익명으로 하는 것이 최선이다.)는 의류를 만들어 유럽 전역에 판매하는 잘 나가는 비즈니스를 가지고 있었다. 그는 카리스마가 있었고, 이것은 많은 사람이 그를 위해 일하도록 이끌었다. 하지만 그는 위임을 잘하지 못했고 사람들은 금방 떠나곤 했다. 상대적으로 그는 종종 작은 실수에 분개하여 이들을 해고하는 것으로 관계를 끝냈다. 또 그는 빠르게 성장하는 회사를 운영하는 데 너무 많은 에너지를 사용해 버렸기 때문에 일의 결실을 제대로 즐겨 보지도 못했다. 그는 스트레스를 받았고 결국은 병이 나고 말았다.

그의 아들과 딸은 지금은 아버지가 한걸음 물러나고 그 비즈니스에서 일하고 있던 자신들이 비즈니스를 꾸려 나가야 할 시간이라고 말했다. 그는 동의했다. 그는 호텔에서 퇴임 발표를 했고 큰 파티를 열었다. 그러나 다음날 그는 여전히 사무실에 출근했고, 마음이 바뀌었다고 말했다. 그는 폭력을 행사하거나 직원들을 위협하는 등 점점 더 변덕스럽게 굴기 시작했다. 결국 자녀들이 회사를 떠나 자신들의 일을 시작하자 그는 자녀들을 지원하기는커녕 오히려 그들을 고소했다. 결국은 어느날 심장마비로 인해 저세상 사람이 되고 말았으며, 그가 떠난 지 2년 만에 회사는 부도가 났다.

제트기류는 파괴적인 장소가 될 수도 있다. 그러나 언제나 그런 것은 아니다. 이 장의 조언을 따른다면 제트기류의 추진력은 부와 안정을 창출해 낼 것이다.

6. 개념: 시스템 디자이너로서의 사업가

사업이 성장함에 따라 비즈니스는 당신이 필요로 하는 시간, 재능, 헌신 등의 원재료를 제품과 이익으로 변화시키기 위해 필요한 모든 업무를 수행하게끔 하는 일련의 체계적인 과정으로 보일 것이다. 따라서 우리는 사업 운영을 디자이너, 감독, 그리고 필요하다면 해결사와 같이 시스템을 꾸려 나가는 직업으로 보아야 한다.

시스템에서의 문제는 언제나 눈에 보이는 그대로가 다가 아니다. 대부분의 작은 에러는 언제나 다른 문제의 징후이며, 보통은 좀 더 깊은 문제다("이 문제 이면에 숨어 있는 문제는 무엇일까?"). 만약 문서가 발송되어야 할 때 발송되지 않았다면 이유는 무엇인가? '시스템에서 놓친 것'이 있는가? 만약 그렇다면 시스템을 개선해야 한다. 커다란 수정이 아니더라도 보완이 필요하다. 만약 누군가 '단지 잊어버린 것이라면' 수행해야 할 업무를 상기시킬 수 있는 좀 더 나은 시스템이 필요한 것은 아닌가?

시스템적 사고에서 비즈니스 설립자에게 도움이 되는 네 가지의 핵심 원리는 생태ecology, 병목현상bottlenecks, 스트레스 포인트stress points 그리고 한계점thresholds이다.

1) 생태

이 개념은 NLP에서 매우 중요하며, 그레고리 베이트슨Gregory Bateson의 시스템 사고의 영향을 많이 받았다. 사람은 복잡한 시스템을 가지고 있으며, 이러한 시스템에서 한 가지 측면이 바뀐다면 그 변화는 다른 측면에 대해 연쇄 효과를 갖기 때문에 우리가 변화할 때에는 시간이 필요하다. 종종 하나가 변화하면 다른 측면이 이런 새로운 변화에 저항하기 때문에 사람들은 변화 전의 상태로 되돌아가곤 한다. 원래의 자리로 되돌려 놓곤 한다. 만약 변화가 강요되고 그대로 굳어진다면 다른 부분은 이 변화에 적응해 나가겠지만 그 과정이 순조롭게 온전히 진행되기는 어려울 것이다. 시스템의 변화가 제대로 작동하기 위해서 변화는 **생태적**이어야 한다. 순조롭게 적응하는 방식으로 진행되어 다른 시스템과도 조화를 이루어야 한다.

변화가 손상을 가져오든 아니든 간에 당신은 변화를 위해 무언가를 하고 당신이 원하는 방향으로 변화할 수 있다. 하지만 그러한 변화는 주변의 다른 것에도 영향을 미치기 때문에 변화는 함께 이루어져야 한다. 체계적으로 사고하는 것을 연습할수록 연쇄 효과를 더 잘 예측할 수 있게 될 것이다. 때때로 잘 모를 때에는 작동하는 새로운 시스템을 살펴보고 무슨 일이 일어나는지를 관찰하라.

이것에 관한 전형적인 예는 커피메이커를 치우고 사람들의 책상에 음료를 가져다주는 서비스로 대체했을 때 나타나는 효과다. 이러한 변화 후에 생산성은 현저하게 감소했다. 사람들은 커피메이커 주변에서 빠르고 비공식적인 회의를 해 왔고, 비즈니스에 도움이 되는 운영상의 작은 결정을 함께 내리곤 했었는데, 이러한 기회가 사라지자 비즈니스가 악화되었던 것이다. 커피메이커는 다시 제자리로 돌아왔고 비즈니스도 다시 정상이 되었다.

조직 내에서의 '정글의 통신 방법jungle telegraph[*]'은 종종 예상치 못한 변화의 결과를 가져다 줄 것이다.

---

[*] 역자 주: 사람들 간에 구두로 하는 의사전달 방식

2) 병목현상

중앙난방 시스템의 부서진 배관을 생각해 보자. 아마 배관에서는 물이 새서 바닥에 고일 것이다. 펌프는 과열되고 결국 난방 시스템은 고장 날 것이다. 눈앞에 닥친 문제에 대한 '명백한' 해결책으로 새로운 펌프를 설치하는 것은 아마 본질적으로는 문제를 해결하지 못할 것이다. 새 펌프는 동일한 방식으로 또 고장이 날 것이며 배관의 부서진 부분이 교체될 때까지 전체 시스템은 제 기능을 하지 못할 것이다.

작은 비즈니스에서의 일반적인 병목은 종종 사업가에게서 비롯되며, 특히 적절히 위임하지 못했을 때 더욱 그렇다. 일의 규모와 결정에 대한 요구가 배관 뒤의 물처럼 고이다가, 결국은 시스템이 천천히 멈추게 된다. 스트레스를 받는 사업가들은 종종 "나는 위임하기에는 너무 바빠. 위임은 너무 많은 시간을 필요로 해."라고 말하면서 현재의 상황을 더욱 악화시킨다. 제5장에서 언급했던 헬레나_{Helena}가 전형적인 예다. 나 또한 병목이었던 적이 있다. 한때 나는 사무실에서 잔뜩 쌓인 서류를 독파하고, 지시를 내리고, 일어난 모든 실수에 대해 화를 내곤 했다. 내 친구 피터는 "만약 네가 하는 모든 업무에 짜증이 나려고 한다면, 그것은 네가 적절하게 조직화되지 못했다는 걸 의미하는 거야."라고 말했다. 그는 시간 관리 과정에 나를 등록해 주었고, 그 이후 비즈니스는 훨씬 부드럽게 돌아갔다. 병목현상이 해결된 것이다.

3) 스트레스 포인트

병목은 본질적으로 느리며, 가로막힌 방해물이다. 스트레스 포인트는 시스템의 일부분으로서 잘 기능하는 것처럼 보이다가 갑작스럽게 무너진다. 사업가는 커다란 스트레스 포인트를 만든다. 만약 당신이 아프거나 심지어 어떤 상황 때문에 쉬고 있다면 당신이 없는 비즈니스는 얼마나 오래 유지될 수 있을까? 솔직해져라.

4) 한계점

한계점은 병목현상으로 손상되어 무언가 변화가 필요하다고 결정하는 순간이다. 앞의 이야기에서, 그것은 피터Peter의 언급이었다. 새로운 직원을 고용하는 것과 같은 다른 단계들은 좀 더 과감하며 많은 비용을 필요로 한다. 현실에서의 모든 시스템은 서로 다른 크기의 병목을 가지고 있다. 언제 특정 병목에서의 스트레스를 견딜 수 있으며, 언제 그것은 심각하게 손상되는가?

시스템을 도입하는 것은 기술이다. 시스템은 본질적으로 구조화된 것이지만, 비즈니스는 발전하고 성장하는 실재다. 유용한 구조들은 시간이 지남에 따라 제약으로 작용할 수 있다. 어느 때든 통제와 유연성 사이에서의 균형을 유지하는 것이 필요하다. 만약 업무의 모든 요소를 통제하기 위해 고도로 복잡한 시스템을 창조한다면 직원들은 그것을 피하기 위해 비공식적인 시스템을 개발하기 시작할 것이고, 심지어는 이전보다 더 혼란스러운 수도 있다. 만약 당신의 시스템이 너무 느슨하다면 실행된 일에 일관성이 없어지고, 데이터는 직원 각자의 머릿속에만 저장될 것이다. 이것은 모든 사람을 병목과 스트레스 포인트로 몰아넣는다. 그러므로 시스템은 한 개인이나 요소가 전체로서의 시스템을 좌지우지하지 않도록 정보를 공유해야 한다.

7. 당신을 변화시켜라: 새로운 출발을 위한 계획

떠나는 것은 자유를 의미한다. 무엇인가를 **하기 위한 자유**는 근사하지만, 일을 **그만둠으로써 얻은 자유**가 그 빈자리를 충족해 주는 것은 아니다. 골프 코스와 묘지는 묘하게 비슷한 점이 있다.

1 현재 당신의 비즈니스로부터 얻는 이익을 모두 나열하라. 이것은 당신의 직원과 납품업체가 있는 회사, 권위를 갖는 것, 존경을 받는 것, 당신의 시간을 채워 주는 어떤 것, 부의 원천 등과 같은 것일 수 있다. 할 수 있는 범위 내에서 목록을 만들어 보라.

2 당신의 비즈니스에 계속 머무르는 것에서 발생하는 모든 불이익에 대해 두 번째 목록을 작성하라. 여기에는 과로로 당신의 건강에 문제가 발생하는 것, 흥미를 잃는 것, 어떤 외부의 힘이 비즈니스를 손상시키는 것, 비즈니스를 유지하기 위해 '사업가로서' 당신이 뽑은 훌륭한 CEO와 초석들의 창조성을 억누르는 것과 같이 비즈니스에서의 위험 요소나 비즈니스의 가치를 떨어뜨리는 예측하지 못한 상황과 같은 것이 포함될 것이다.

3 이제는 되도록이면 빨리 비즈니스를 벗어나 더 이상의 책임을 지지 않을 때 당신이 하기 원하는 것과 할 수 있는 모든 것에 대해 세 번째 목록을 준비하라. 나는 이것을 꿈 목록이라 부른다.

4 두 번째 목록에서 매력적이지 않은 것으로 뽑힌 요소들은 비즈니스 안에서 개선하는 것이 현명하다. 세 번째 목록에서 작성한 당신의 꿈을 따라가는 동안 당신은 첫 번째 목록의 모든 이점을 어떻게 계속 누릴 수 있을까?

이 질문에 대해 이익별로 각각 대답하라. 일부는 불가능할 수도 있다. 예를 들면, 당신은 당신의 비즈니스에서 많은 월급을 받고 있지만 매각할 수 없다면 당신은 소득 수준을 유지하지 못할 것이다. 그러나 적어도 이제 이슈는 분명하다. 당신은 두 개의 목록을 더 마무리 지어야 한다. 그중 하나는 당신이 회사를 떠나고 나서 계속 누릴 수 있는 이득(그리고 그것들을 어떻게 계속 누릴 수 있을지에 대한 것)이고, 다른 하나는 더 이상 제공되지 않을 것이며 잃게 될, 당신이 '꿈꾸던' 새로운 인생이라는 이득에 대한 것이다.

5 이제 마지막에 있는 당신이 잃게 될 이득의 목록을 보라. 얼마나 많은 것이 '협상 결렬 요인'인가? 얼마나 많은 것을 조정할 수 있는가? 당신이 결코 포기할 수 없다고 생각하는 협상결렬 요인과 두 번째 목록(비즈니스에 머무름으로써 발생하는 부정적인 측면)을 비교하라. 만약 당신의 협상 결렬 요인 목록이 두 번째 목록의 것보다 나쁘다면 당신은 문제를 갖고 있는 것이다. 이것은 당신이 사업가 X의 효과, 즉 '통제불능'인 사업가들이 성장하는 회사에서 지나치게 오래 머물면서 일으킬 수 있는 잠재적인 손상을 충분히 이해하지 못했기 때문이라고 추측한다. 그러나 아마도 당신이 포기해야 할 몇몇 이득은 당신의 열정과 에너지를 쏟아 부을 세 번째 목록(꿈 목록)은 새로운 프로젝트와 활동에 비하면 아주 사소한 것처럼 보일 것이다.

제트기류 타고 비상하기

■ **작게 머무르기**

- 캐시 카우

■ **혹은 성장**

- '왜?'
- '나는 위험을 이해하고 있는가?'
- '다음 단계로 올라가기 위해 내 사업을 걸고자 하는가?'
- '이 새로운 비즈니스에서 여전히 내 역할이 있는가?'
- '나의 기존 초석들이 좀 더 높은 수준으로 옮겨 갈 능력이 있는가?'

당신을 포함한 모든 핵심 인물은 스스로를 바꿀 필요가 있다. 제대로 바꾼다면 큰 보상이 따르겠지만 그렇지 못한다면 당신은 '원점으로 돌아가야' 할 것이다.

■ **고치 단계**

- 초석들을 창조하기
- CEO 되기
- CEO 역할 위임하기

■ **높이 비상하기**

- **개념: 체계적 사고**
  - 생태
  - 병목과 스트레스 포인트
  - 한계점

- **당신을 변화시켜라: 새로운 출발을 위한 계획**

인생을 즐겨라 **07**

Think Like an Entrepreneur:
Your Psychological Toolkit for Success

07

인생을 즐겨라

Think Like an Entrepreneur:
Your Psychological Toolkit for Success

그렇다. 비즈니스는 매각되었다. 당신은 강한 애착을 느꼈던 작은 엔지니어링 비즈니스로 되돌아가기 전에 동양 철학을 익히거나 디킨즈Dickens의 작품을 읽기 위해(혹은 어떠한 것이든 당신이 꿈꾸었던 것을 위해) 당신의 노력으로 획득한 휴가를 즐기며 해변가에 앉아 있다. 수고했다!

그러나 당신이 사업 운영이라는 여정을 하는 동안 자신을 위해 얼마나 좋은 것을 많이 가질 수 있는지를 고려해 보는 것은 가치 있는 일이다. '○년 동안 노예처럼 일하면 결국은 달콤한 열매를 맛볼 수 있다.'라는 줄거리는 불변의 진리가 아니라 TA 각본이다. 그러한 인위적인 각본 줄거리는 어린시절 우리의 미성숙한 자아에 의해 강요되었고, 망상을 경험하는 오염된 어른 자아상태의 압박을 받아 완성되었다. 에릭 번Eric Berne은 "어떤 사람들은 산타를 기다리는 데 그들의 전 생애를 보낸다."라고 말했다.

그렇다고 '열심히 일하지 말라.'는 것이 아니다. 당신은 성공적인 비즈니스를 만들어 가기 위해 열심히 일해야 한다. 그러나 때로는 여정을 즐기기 위해 멈춰 설 수 있어야 한다. '열심히 일하려는' 강박적인 욕구는 빈곤이나 평범함에서 벗어나게 하는 데 유용할 수는 있겠지만, 우리는 이미 그것을 해냈으며, 멈추지 않는다면 우리를 공격해 파괴시킬 수도 있을 것이다. 우리의 건강이나 가족생활, 심지어는 성공으로 이끈 비즈니스까지도 말이다. 절대로 그렇게 되게 내버려 두어서는 안 된다.

코치로서 나는 너무 열심히 일하느라 일중독이 된 많은 사업가와 일을 해 왔다. 성공한 사업가인 링Ling은 자랑스럽게 "나는 오전 5시 30분 전에는 절대로 사무실에 가지 않아요!"라고 말한 적이 있다. 그러한 사람들은 대부분 언제나 잘못된 동기에 의해 움직인다.

일을 한다는 것은 우리의 창조성, 독자성, 에너지, 영혼의 표현이기 때문에 우리는 열심히 일한다. 아인 랜드Ayn Rand는 "가장 고귀한 활동으로서 생산적인 성취를 할 때, 인간은 영웅적인 존재다."라고 말했다. 그렇다. 그리고 남부럽지 않은 돈을 벌기 위해서 열심히 일하기도 한다. 그러나 어떤 숨겨진 심리적 강박 때문에 열심히 일해서는 안 된다.

1. 순응한 어린이의 치유

TA의 자아상태 도구를 상기해 보고, 특히 순응한 어린이(AC)라고 불리는 자아상태의 기능을 떠올려라. 이것은 근본적으로 우리가 힘

없고 작은 어린 아이였을 때 커다란 세상에 적응하고 살아남기 위해 행동했던 시간으로부터 오는 것들이다. 우리를 위협하곤 했던 무기는 대개 폭력의 위협은 아니지만, 사랑의 철회 혹은 좀 더 미묘하게는 조건부 사랑이라는 심리적 무기다.

따라서 나의 많은 코칭 고객들은 그들의 내면 깊이 감추어진 '만약 ……한다면 오직 그때만 사랑받을 것이다.'와 같은 메시지와 마주친다. 많은 경우, '만약'의 상태는 그들이 열심히 일하는 것이다. 우리가 자라면서 이것은 신념("내가 열심히 일한다면, 나는 사랑받을 수 있어.")이나 좀 더 나쁘게는 우리의 정체성("나는 마음속 깊이 사랑받지 못하는 사람이야.")의 일부로 남겨질 수 있는데 이러한 정체성을 신념("그러나 만약 열심히 일한다면, 나는 이것을 계속 감추어둘 수 있어.")을 통해 뒷받침된다.

이것은 치명적이고 부정적인 이중구속으로 변한다. 앞서 이 현상에 대해 언급했었지만 다시 언급하자면, 이것은 '해도 비난받고 안 해도 비난받는' 심리적 경향이다. 이중구속의 한쪽 '팔'은 "만약 열심히 일하지 않는다면, 나는 사랑받지 못할 거야."라고 얘기하는 반면, 다른 쪽 팔은 "사랑할 시간조차 없어진다 할지라도, 열심히 일해야 해."라고 말한다.

젬마Gemma는 자신의 회사를 시작하기 전에 세계에서 가장 큰 출판사 중의 한 곳에서 일했으며, 이미 출판업계에서 매우 성공한 사람이었다. 하지만 그녀는 남자친구의 소름 끼치는 행동을 참아 가며 학대적인 관계를 유지하고 있는 것으로 보였다. 기나긴 코칭 과정의 마지막에 젬마는 아버지가 그녀에게 매우 차가웠으며 단정적인 태도로, 성공해야만 한다는 것을 말해 왔다고 했다. 그래서 그녀는 스스로

"만약 다른 것을 할 여유가 없을 만큼 하루 종일 열심히 일한다면, 너는 가치 있는 사람이 될 거야. 만약 열심히 일하지 않는다면 너는 사랑받지 못할 거야."라는 부정적인 이중구속을 만들어 냈다. 이것은 엄청나게 커다란 불행을 가져왔으며, 비즈니스에도 좋지 않은 영향을 미쳤다.

일 중독자의 접근법은 비즈니스를 위해 무엇이 필요한가에 의해 동기가 부여되는 것이 아니라, 그것이 가치 있다고 느끼는 필요에 의해 동기가 부여된다. 리더십의 관점에서 보면 이것은 매우 부정적일 수 있다. 아마도 당신은 위임하지 않을 것이다. 일, 일, 일에 대한 집중은 당신을 현장에 묶어둘 것이고, 한발 물러나 맥락 안에서 일을 보는 것이 불가능해질 것이며, 전략적인 결함을 만들게 될 것이다. 이것은 스트레스 포인트가 되어 결국 당신은 몸져 누울 것이다. 어느 누구에게도 비즈니스가 어떻게 돌아가는지를 알려 주지 않았기 때문에 팀은 방향을 잃고 헤맬 것이다.

이에 대한 해결책은 무엇인가? 여러 가지가 있을 수 있다. 하나는 개인적 부의 목표를 명확히 정립하는 것이다. 이것은 당신이 그 목표에 도달했을 때에도 일하고, 또 일하는 것을 근본적으로 멈추게 할 것이다. 두 번째 해결책은 코치를 얻는 것이다. 마지막으로 나는 저주 깨뜨리기의 변화 과정을 알고 있는데, 이것은 매우 효과적일 수 있다. 그 과정은 매우 강력한 것이므로 이 책의 마지막에 언급해 두었다.

2. 언제 성취했는지 알라

"나는 부자가 될 때까지 행복하지 못할 거야." 나는 많은 고객으로부터 이런 이야기를 들어왔다. 이들의 일부는 이미 부자다. 그래서 나는 부유하다는 것이 무엇인지를 물었고, 그들은 정확하지는 않지만 그곳에 도착하면 알게 될 것이라고들 대답한다. 그럴싸하게 들리지만 사실은 그렇지 않다. 보통 이렇게 말하는 사람들은 심장마비가 와서 이제 게임은 끝났다고 말할 때까지 절대로 모를 것이다.

코칭의 한 측면은 사람들이 명확하고 측정 가능한 목표에 전념하도록 돕는 것이다. 당신은 사람들에게 이것을 강요할 수는 없다. 그들 스스로 결정해야 한다. 그러나 코치는 그 사람이 여기에 전념할 수 있도록 도와주어야 한다. 당신은 혼자서도 이것을 할 수 있다.

스스로 이러한 목표에 합의하고 나면 목표를 급격히 바꾸어 무너뜨리지 마라. 나는 어마어마하게 성공한 백만장자를 알고 있는데 그는 자신의 비즈니스를 1억 파운드 정도에 팔았다. 그러나 이제는 자신이 억만장자가 아니라는 사실에 매우 화가 나 있으며 엄청난 열등감을 느꼈다. 그의 요트는 억만장자의 요트에 비해 절반 정도밖에 안 되는 크기다. 그는 그저 모나코에 아파트를 가지고 있을 뿐이지 저택을 가지고 있는 것은 아니다.

……이러한 터무니없는 생각은 단순히 심리적인 것이다. 그는 여전히 비판적으로 자신을 다른 사람과 비교하는 강박을 가지고 있다. 아마도 상담가는 억만장자 그룹에 들어가기 위해 필요한 9억 파운드 정도의 돈보다도 더 많은 도움이 될 것이다.

비즈니스에서의 성공은 이상한 현상이다. 이것은 매우 다른 종류의 사람들에게서 일어나는 무언가를 뜻한다. 어떤 사업가들은 '삶은 고달프며 한 조각의 파이를 얻기 위해 싸워야 한다.'고 믿는다. 다른 이들은 삶은 풍요롭고 그러한 관대함과 뛰어남에 대한 추구가 성공을 가져올 것이라고 믿는다. 코치로서 나는 이 두 견해를 모두 들어보았다. 그러나 이러한 견해의 차이가 당신이 모은 재산에서의 커다란 차이를 만드는 것은 아니다. 나는 마치 내가 '멋진 사람'이 되는 길을 선택하는 것처럼 내가 선호하는 삶이 무엇인지 알고 있으며, 내 스스로를 지킬 수 있다는 것을 확신한다.

3. 당신을 변화시켜라: 재각본 과정

> 대미를 장식하고 완전히 새로운 계획을 실행에 옮겨라.
>
> – 에릭 번Eric Berne

이 과정을 한 번에 할 필요는 없다. 때때로 네 단계로 나누어 다음날 이어서 다음 과정을 시작하는 것도 좋다.

이것은 혼자 혹은 전문적인 코치와 함께할 수 있다.

1 당신은 아주 오래된 이야기를 할 것이다. 이 이야기는 제삼자의 이야기로 말하는 것이 좋다. '그가 ~를 했다.' '그녀가 ~를 했다.'와 같은 식으로 말이다. 이것이 설령 본질적으로는 당신 자신과 당신의 가족에 관한 것이라 해도 말이다. 제삼자를 이용하는 것은 시야를 좀 더 넓히기 위해서다(이 방법을 통해 당신은 당

신 자신을 좀 더 큰 가족 드라마 안의 등장인물 중 하나로 보게 될 것이다.). 이야기의 중심인물인 '주인공'의 **이름**을 정하라. 어떤 사람들은 단지 그들이 좋아하는 이름을 선택한다. 또 다른 이들은 좀 더 뚜렷한 영웅적 인물을 정한다. 여러 명의 제임스 본드와 윈스턴 처칠, 그리고 참 이상하게도 많은 도로시(『오즈의 마법사』)가 있었는데, 이것은 종종 우락부락한 외모의 야심찬 남성 중역들에게서 나왔다. 이들에게서 이름은 이야기를 시작할 때 어린 시절로 돌아가는 것을 허락해 주는 것으로 보인다. 이것이 당신이 선택한 이름의 핵심이다. 이름은 당신이 그 사람에 관한 이야기를 할 수 있도록 해 주는 것이어야 한다(이야기는 사실 **당신**에 관한 것이다. 만약 이름을 마돈나로 정한다면, 당신은 '그녀의 첫 번째 히트는 1982년 4월이었다.'는 것부터 시작하기를 원치 않을 것이다. 이것은 당신에 관한 것이다.).

2 이제 **이야기를 시작하라.** 만약 이 과정을 혼자 한다면 종이에 써 보는 것이 좋다. 고민하거나 심사숙고하지 말고, 그냥 시작하라(당신은 이야기를 하는 동안 과거로 돌아가 다음과 같이 그것을 바꿀 수 있도록 허락받았다. "아니, 사실 줄리엣의 엄마는 그러지 않았다. 그녀는 이렇게 했다……."). 재미있게 해야 한다고 느끼지 마라. 당신의 조부모부터 시작하여(친가나 외가), 당신의 부모, 그다음에는 당신, 그리고 현재까지 그저 흘러가게끔 내버려 둬라.

각각의 인물에 대한 이야기를 시작할 때 '그 사람의 입장이 되도록' 하라. 그들의 입장에서 생각하라. 단지 그들이 무엇을 했는가뿐만이 아니라 어떻게 느꼈는지도 생각해 보라. 당신은 아마도 당신의 부모나 조부모가 그들 삶의 중요한 순간에 어떤 느낌을 가졌는지 알지 못할 것이다. 그러나 이야기를 하는 것은 당신이 상상할 수 있도록 허락해 준다. 이것이 NLP의 '~인 것처럼(as if)' 틀이다.

이야기의 유형은 당신에게 달려 있다. 대부분의 사람은 그것을 매우 단순하게, 그리고 전기적으로 하려고 한다. 어떤 사람들은 잔뜩 흥분하여 마술과 은유를 사용한다. "도로시의 조부모는 숲에서 태어났으며 도로시의 할아버지가 전쟁에 나가 돌아오지 않을 때까지 그럭저럭 살았다."는 괜찮다. 그들이 실제로는 런던 근교에 살았다고 할지라도 말이다. '숲'이라는 비유 뒤에는 메시지가 있을 것이다. 그 메시지가 무엇인지 스스로에게 물어보라.

3   현재에 이르면 이야기는 끝이 나는데, 당신이 거기에 만족한다면 **제목을 정하라.** 제목은 주로 언어적이지만 꼭 그래야 할 필요는 없다. 이야기와 밀접하게 연결되어 연상되는 소리나 냄새 혹은 다른 그 무엇일 수도 있다. NLP 용어로, 그것이 이야기를 위한 앵커가 된다면 그 어떤 것도 좋다.

4   "모든 가족은 **저주**를 가지고 있다. 당신의 저주는 무엇인가?"의 질문에 답하라. 아마도 그것은 이야기 속에 있을 것이다. 이 저주는 단순한 형태로 간직되어 있고, 이중구속으로 완벽하게 표현된다(해도 비난받고, 안 해도 비난받는 것: "만약 당신이 열심히 일한다면 사랑할 시간이 없다. 만약 열심히 일하지 않는다면 당신은 사랑받지 못한다."). 이중구속의 한쪽 '팔'은 한쪽 부모에게서 나왔을 것이고, 다른 한쪽은 다른 쪽의 부모에게서 나왔을 것이다. 그러나 언제나 그런 것은 아니다.

5 **저주를 재정의**하는 데 시간을 할애하라. 이것에 대해 약간의 브레인스토밍을 하라. 저주를 가능한 불쾌한 것으로 만드는 것을 두려워하지 마라. 이 과정의 핵심은 저주의 영향력으로부터 당신을 자유롭게 하는 데 있다는 것을 기억하라. 그리고 당신은 이를 위해 최악이었고, 가장 강력했으며, 가장 위협적이고, 가장 어쩔 수 없었던 때와 직면해야 한다.

6 **저주에 대한 당신의 긍정적인 의도**를 확인하라. 이것은 과정상 결정적인 부분이다. 우리는 NLP에서의 무의식을 본질적으로는 유용하지만, 그 자체로는 업데이트나 의사소통이 잘 되지 않는 것으로 본다. 심지어 분명하게 역기능적인 행동, 신념 또는 가치들조차도 일종의 일그러져 있는 유용함을 가지고 있다. 만약 다른 각도에서 본다면 이 저주는 지금 당신에게 도움이 되는가? 질문에 대한 대답이 '아무것도 도움이 되지 않는다.'라면, 과거엔 한 번이라도 도움이 되었던 적이 있었는가? 보통은 저주의 '팔' 중 적어도 하나에는 무언가 이득이 될 만한 것이 있다. 앞의 예에서처럼 "만약 내가 열심히 일하지 않는다면, 나는 사랑받지 못할 것이다."는 물질적인 성공을 위해 열심히 일하게끔하는 강한 동기가 된다.

7 저주로부터의 이득이 무엇이든, 아무리 부정적인 면이 이득을 능가한다 할지라도 이것을 **은유**로 바꾸어라. 열쇠, 마법의 펜, 독수리 사진, 바다 소리, 심지어는 당신 내면의 어딘가에 있는 느낌으로 당신이 원하는 만큼 가공하라. 당신은 저주에서 벗어나 파괴적이고, 역기능적이며, 시대에 뒤떨어진 부분은 남겨 두고 그것을 미래로 진척시키는 긍정적인 면을 취하기 위해 이것

을 사용할 것이다.

8 현재에서 시작하여 저주가 비유로 변모되는 지점까지 작업함으로써 당신의 캐릭터를 위한 **새로운 이야기**를 시작하라. 당신이 제시하고자 하는 긍정적인 면에 대한 은유는 이러한 변화의 일부분일 수 있다. 그러나 꼭 그래야 하는 것은 아니다. 2번에서의 오래된 이야기처럼 당신은 있는 그대로 혹은 비유적으로 표현할 수 있다. 나는 여기에서 사람들에게는 무언가에 비유하려는 경향이 있다는 것을 발견했지만, 굳이 전기 작가에서 신화 작가로 갑작스럽게 변할 필요는 없다. "그런 다음 갤러해드 Galahad가 동굴로 들어가 거울 같은 연못에서 검을 뽑자 갑자기 모든 것이 변했다. 거기는 숲 속의 빈터였고 동굴은 사라졌다. 아름다운 여인이 그의 손을 잡고 편안하고 평온한 곳으로 이끌자 아름다운 햇볕이 내리쬐는 벌판이 펼쳐졌다." 좋다! "조안나는 엄마에게 '나는 엄마가 원하는 대로 살지 않을 거예요. 그것은 내가 아니에요. 미안해요.'라고 말했다. 그러자 그녀의 어머니는 미소를 지으며 '괜찮아, 이해한다.'라고 대답했다." 이것 역시 좋다. 어떤 것이든 당신에게 도움이 된다.

9 당신의 새롭고 행복한 결말의 느낌을 간단하게 요약하라. **좌우명** 같은 것이 종종 도움이 된다. 그것은 종종 당신의 신념이나 정체성, 심지어는 당신의 사명 목록의 가장 높은 곳에서 찾을 수 있는 것이기도 하다. '사랑하고 사랑받는 것은 전적으로 자유다.', '당신이 대접받기 원하는 대로 남을 대접하라.' 만약

---

* 역자 주: 아서 왕 이야기에 나오는 원탁의 기사

할 수 있다면, 이 좌우명을 저주받은 한쪽 팔의 새로운 버전으로 만들라. 군인이었으며 나와 같이 일했던 동료는 그의 저주가 '진정한 사나이는 사람을 죽인다.'라는 신념을 포함한다는 것을 발견했다. 그는 이것을 '진정한 사나이는 진정한 삶을 이끈다.'로 바꾸었고 이 신념은 그의 삶에 많은 변화를 일으켰다.

10 **오래된 저주를 제거하라.** 그것을 사물로 상상하라. '낡고 오래된 막대기', '뱀의 허물'과 같은 것이 일반적이다. 그다음 그것을 집어 들고 과거로 던져 버린다고 상상하라. 영웅의 여정과 같이 당신 주변의 물리적인 공간에 그려진 과거, 현재, 미래의 '시간선'을 상상하라. 그리고 거기에 저주를 던져라. 강력하면서도 인상적인 몸짓과 함께 말이다. 이것에 대한 당신의 반응을 주목하라. 이것을 가로막는 무엇인가가 있는가? 정확하게 무엇인지 잘 생각해 보라. 그것을 해결하도록 노력하라.

11 **당신의 새로운 좌우명을 상기하라.** 사물로 그것을 상상해 보자. 좌우명이 적힌 표지일 수도 있고, 원한다면 좀 더 비유적인 것일 수도 있다. 바로 여기, 바로 지금, 당신은 확신을 가지고 그것을 단단히 붙들고 있다고 상상하라. 그리고 이제부터, 그리고 나아가 당신의 남은 인생 동안 그것을 실천할 수 있도록 당신의 미래로 가져가라. 다시 강력하면서도 인상적인 몸짓과 함께 당신의 시간선에 존재하는 물리적 공간에다 던져라.

12 마지막으로, **새로운 좌우명을 당신의 현재로 가져오기 바란다.** 사람들은 종종 자신의 새로운 이야기를 미래로 가져가는 것은 반기면서도, 지금 당장 가져가는 것은 달가워하지 않는다. 그러나 미래는 아직 일어나지 않았고 영원히 일어나지 않을 수도 있

다. 좌우명을 현재로 가져오는 것은 그것을 지금 실행해야 한다는 것을 의미한다. 당신은 어떻게 이것을 해야 하는지 알고 있다. 그러니 그냥 시작하라! 만약 이것이 개운하지 않다면 아마도 저주가 여전히 어떤 가치를 갖고 있다거나 7단계의 은유에 다른 요소를 좀 더 첨부할 필요가 있다는 것을 의미한다. 이럴 때는 6단계로 돌아가 거기서부터 다시 시작하는 것이 좋다.

집중하고 전념해서 앞의 과정을 끝낸 나의 많은 고객은 아주 큰 해방감을 느끼곤 했다. 나는 성숙해지는 것이 '두 마리 토끼를 잡는 것'이라고 강력하게 믿는다. 우리는 야망의 긍정적 특성을 사용하고 즐길 수 있고, 또 그래야 한다. 또는 강박적이고 비이성적인 행동에 대한 요구 없이 앞으로 나아갈 수 있어야 한다. 나를 예로 들자면 아침에 일어나서 행복해하고 만족하는 능력은 나에게 있어 매우 효율적이고 성공적인 것만큼이나 커다란 성취이며, 비즈니스를 성장시키면서 이루어 낸 물질적인 성취보다 훨씬 더 좋은 것이다.

인생을 즐겨라

Think Like an Entrepreneur:
Your Psychological Toolkit for Success

- 여정을 즐겨라.
- 잘못된 동기를 위한 고된 노력은 당신 자신에게는 물론 비즈니스에도 해로울 수 있다.
- 이중구속의 저주
- 당신이 언제 성취했는지를 알라.

■ 재각본 과정
- 완전히 새로운 것을 실행하라.

결론

Think Like an Entrepreneur:
Your Psychological Toolkit for Success

결론

Think Like an Entrepreneur:
Your Psychological Toolkit for Success

나는 당신이 개인적 성장은 물론 사업 운영의 여정에 있어서도 모두 성공하기를 희망한다. 이 두 가지는 밀접하게 연결된 채 이 책에서 제시되었으며 내가 소개한 변화의 과정이 두 개의 여정 모두에서 유용하다는 것을 발견했길 바란다. 오래된 이중구속이 우리에게 무엇을 이야기하든 비즈니스에서의 성공은 행복하고 긍정적인 삶과 대립되는 것이 아니다. 사실 때로는 그 반대가 진실이다. 보통은 이 여정 중 하나의 향상이 다른 쪽도 덩달아 향상시킨다. 우리가 획득한 『성공한 CEO의 비즈니스 심리코칭』은 우리의 직업만큼이나 우리의 삶을 조절할 수 있게 해 주고 '바람직한 삶을 건설'할 수 있도록 해 준다.

이러한 바람직한 삶은 단지 우리 자신만을 위한 것이 아니다. 우리의 개인적 여정은 우리가 우리의 가족과 친구를 위해 쾌적한 환경을 조성할 수 있게 해 주고, 일반적으로는 공동체와 사회에 공헌할 수 있게 해 준다. 사업가로서의 우리의 여정은 비즈니스 오너에게는 부를, 그리고 우리의 고객에게는 가치를 가져다 준다. 또한 직원들에게는 일자리를 제공하고, 더 나아가 성장하고 발달할 수 있는 기회를 준다. 빠르게 성장하는 사업가의 비즈니스는 새로운 책임을 수용하고 배우기를 열망하는 똑똑한 사람을 위한 기회의 흐름을 창출한다.

당신이 사업가의 여정을 만들어 감에 따라, 당신과 다른 사람들 모두를 위해 당신이 하고 있는 모든 것을 소중히 해야 한다는 것을 기억하라. 당신이 무엇을 성취하든 그것은 자랑스러운 것이다. 당신은 점점 비인간화되고 있는 세상의 틀에 박힌 관습에서 벗어나 무언가 특별하고 독특한 것을 추구했다. 그렇게 함에 따라, 세상을 좀 더 크고 빛나고 좋은 곳으로 만들어 왔다. 당신의 노력이 당신이 받아 마땅한 성공을 가져오기를 바란다.

부록

부록 A. 논리적 수준, 매슬로와 프로이트

로버트 딜츠Robert Dilts의 논리적 수준을 지난 세기의 위대한 심리학자인 매슬로Abraham Maslow와 프로이트Sigmund Freud의 연구와 비교해 보는 것은 흥미로운 일이다.

매슬로는 인간 욕구 단계로 가장 잘 알려져 있다. 이것은 다음과 같이 구성되어 있다.

- **자아실현** – 잠재력 인식, 자기실현, 개인적 성장, '지고(至高)의 체험'
- **존중** – 자기존중, 지위, 성취, 우월함, 자립, 책임
- **소속과 사랑** – 관계, 가족, 직장 동료, 친구
- **안전** – 위험으로부터의 보호, 기후 등, '법과 질서'의 경계
- **생물학적 그리고 생리적** – 공기, 음식, 물, 온기, 섹스, 잠 등

사람들은 종종 이 단계와 논리적 수준의 유사성에 대해 언급하곤 한다. 하지만 둘 사이에는 결정적인 차이가 한 가지 있다. 매슬로는 우리가 단계의 '낮은' 측면들(음식, 안전, 섹스 등)을 채우는 데 대부분의 시간을 사용하고 **오직 이것들이 충족될 때**에 좀 더 '높은' 단계로 나아간다고 믿었다. 또한 그는 실질적으로 아주 소수의 사람만이 '자기실현'을 성취한다고 보았다. 우리는 논리적 수준 모형에서 언제나 모든 차원의 영향을 받아 움직인다. 물론 굶어 죽어 가는 사람은 가장 먼저 음식을 찾을 것이다. 이런 **극단적인 상황**에서는 매슬로가 맞을지도 모른다. 그러나 나는 이것이 일상생활에서는 맞지 않다

고 생각한다. 따라서 내적 충돌을 제거하기 위해 각 차원들의 내용을 정렬하는 것이 중요하다.

프로이트는 무의식적인 마음이 인간 행동의 원동력이라고 믿었고 NLP도 무의식에 대해 이야기하는 것을 선호한다. 하지만 그 차이는 다소 탁상공론에 불과하며 둘 다 '인식의 바깥에서' 작동하며 우리가 생각하고, 행동하고, 말하고 느끼는 것 등에 영향을 미친다.

프로이트나 NLP의 지지자뿐 아니라 누구에게든 우리의 마음에서 일어나고 있는 대부분의 현상은 잠재의식 혹은 무의식에서 비롯된 것이 분명하다. 숨을 쉬는 것과 같은 기본적인 신체 기능은 걷고, 숟가락을 잡는 것 등과 같은 기능만큼이나 '아무 생각 없이 하는 것'들이다(즉, **의식**하지 않고 하는 것들이다.). 우리의 창조성은 그러한 잠재의식(무의식) 아래에서 나온다. 예술뿐만 아니라 일상생활에서 (매 순간) 우리는 말과 행동을 선택한다. 이 때문에 우리는 종종 "갑자기 그 말이 머릿속에 떠올랐어."라고 하기도 한다.

의식은 우리의 행동에 선택과 힘을 실어 주는 멋진 것이라고 할지라도 무의식에 비하면 엄청나게 작은 존재다. 예를 들면, 프린스턴 대학 교수인 조지 밀러George A. Miller는 의식적 기억은 한 번에 겨우 7바이트의 정보만을 처리할 수 있다고 했다. 나는 의식적인 마음이 활활 타오르는 맨틀과 지구의 핵을 덮고 있는 얇은 바위 조각 같다고 생각하곤 한다.

NLP의 시각과 프로이트 사이의 차이점은 프로이트가 잠재의식을 우리의 선한 의도에 반하는 위험하고 제멋대로인 악마로 본 반면, NLP에서는 좀 더 호의적으로 본다는 것이다. 그리고 잠재의식은 언제나 우리를 도우려고 한다는 것으로 믿는다. 심지어 그것이 기이한 방식으로 행동하는 것처럼 보일 때도 말이다(218쪽의 재각본 과정 연습의 6번 참조). 무의식적 반응이 기이할 수 있는 것은 다음과 같은 세 가지의 큰 약점 때문이다.

1 무의식적 마음은 과거를 중심으로 여러 가지를 저장한다. 어떠한 방법으로든 변화의 요청이 없다면 그것은 바뀌지 않을 것이다. 그러므로 다섯 살에 우리가 자신과 세상에 대해 내리는 결정들은 우리가 그것에 도전하는 방법을 찾을 때까지 그대로 머물러 있을 것이다.

2 무의식적 마음은 우리의 의식적인 마음과 직접적으로 대화하지 않는다. 어떻게 대화해야 하는지도 모른다. NLP의 많은 부분은 무의식적인 마음 그 자체를 의식적인 마음으로 약간이나마 명료하게 하기 위한 무의식적인 마음의 도구를 제공하는 데 있으며, 무의식을 '재프로그래밍'하기 위해 의식적인 마음을 사용하는 데 있다.

3 무의식적 마음은 서로가 의사소통이 되지 않는 '저장고'에 정보를 저장해 놓은 것처럼 보인다. 이 때문에 논리적 수준 사이에서는 충돌이 일어난다.

NLP와 내가 프로이트에 대해 동의하는 부분은 잠재의식/무의식적인 마음이 역동적이고, 활동적이며, 강력하다는 것이다. 이것을 의식 수준으로 끌어올릴 수 있다면 아주 큰 효과를 볼 수 있다. 만약 그렇게 되도록 우리가 돕는다면 말이다. NLP의 상당 부분과 이 책의 변화 과정의 많은 부분이 이것에 관한 것이다.

부록 B. 벤저민 프랭클린의 13가지 덕목

프랭클린Franklin은 주목할 만한 인물이다. 그는 작가이자 혁명가, 과학자, 공직자였으며 외교관이었다. 그는 피뢰침, 각기 다른 양의 물을 채운 유리잔을 문질러서 음악을 연주하는 악기, 다초점 렌즈, 효율적인 스토브와 유연한 도뇨관을 개발한 유능한 발명가였다. 또한 그는 미국 건국의 기초가 된 인물 중 하나다.

그는 스무 살의 나이에 그의 가치 목록을 만들었으며, 그의 남은 인생을 그 목록에 따라 살았다고 한다. 비록 혼외 관계의 자녀가 있어서, 어쩌면 12번의 가치에는 맞아떨어지지 않는다고 할지라도 말이다. 21세기 독자들에게 이 목록은 좀 평범하게 느껴질지도 모르겠다. 그러나 이것은 원칙적이면서도 매우 효율적인 작품이고, 7차원 워크시트(부록C 참조)의 가치 부분을 어떻게 작성해야 할지를 보여 주는 좋은 샘플이라 할 수 있다.

1 절제: 둔해질 때까지 먹지 마라. 취하도록 마시지 마라.
2 침묵: 자기 자신이나 타인에게 이로운 것 이외에는 말을 삼가라. 쓸데없는 대화는 피해라.
3 질서: 모든 물건은 제자리에 두어라. 일은 정해진 시간을 지켜라.
4 결심: 해야 할 일은 반드시 실행한다는 결심을 하라. 결심한 일은 반드시 실행하라.
5 절약: 남들이나 자신에게 이로운 곳 이외에는 돈을 쓰지 마라 (즉, 아무것도 낭비하지 마라).

6 근면: 시간을 허비하지 마라. 언제나 유용한 일에만 전념하고 불필요한 행동은 삼가라.

7 성실: 해가 되는 속임수는 쓰지 마라. 편견 없이 공정하게 생각하라. 그리고 말과 행동을 일치시켜라.

8 정의: 해를 끼치거나 유익한 사명을 저버리는 것은 잘못이다.

9 중용: 극단을 피해라. 상대방이 잘못되었다고 생각하더라도 상처 주는 일을 삼가라.

10 청결: 신체, 옷 또는 집 주변을 청결히 하라.

11 평정: 사소한 일 또는 일상적이거나 피할 수 없는 사고에 동요하지 마라.

12 순결: 건강과 자손을 위한 것 외에 지나친 쾌락을 추구하지 마라. 몸이 쇠약해지고 둔해질 만큼, 또는 당신 자신이나 다른 사람의 평화나 평판에 해가 될 만큼 탐닉하지 마라.

13 겸손: 예수와 소크라테스를 본받아라.

부록 C. 7차원의 활용

7차원은 독자적으로 일하는 사업가에 의해 주로 쓰인다. 동시에 7차원은 성장하고 있는 '제트기류' 비즈니스와 같이 좀 더 큰 조직에서 다양한 이익을 위해 유용하게 사용할 수 있다.

- 팀 구성원들이 자신의 내적인 '차이'와의 불일치를 발견하도록 돕기 위해
- 팀 구성원들이 조직의 어디에 적합하고 적합하지 않은지를 이해하도록 돕기 위해
- 조직의 사명과 정체성이 사람들에게 정말로 의미 있게끔 명료하게 설명하기 위해
- 팀 구성원들이 비즈니스를 어떻게 보는지에 대한 피드백을 얻기 위해

7차원을 자신에게 적용하는 것은 천천히, 개인적이고도 반영적으로 하는 것이 좋다. 조직에서는 앞에서 열거한 결과를 얻기 위해 공개적으로 빨리 진행할 필요가 있다.

첫째, 팀의 각 구성원들에게 워크시트를 작성할 것을 요청한다. 왼쪽 부분은 비밀에 부칠 것이라는 것을 명확히 이해시킨다. 만약 사람들이 원한다면, 종이의 가운데를 접어 '공적인' 절반의 부분만 공개해도 좋다. 그런 다음 오른쪽에 넣은 내용이 무엇인가를 찾아보고, 다양한 기준 위에서 비즈니스가 실제로 어디에 있는가에 대한 '공

동’의 결정을 내리는 작업을 한다.

목표를 논의할 때 나는 모든 목표들을 나열한다. 이것은 우선순위를 매길 수 있고, 회기에서 합의된 목표들은 박스에 넣는다. 기록하고, 날짜를 기입하면서 목표를 요약하는 과정은 단순하면서도 매우 효과적이지만 종종 간과되곤 하는 부분이다. 나는 조직과 일을 할 때, 어떤 개인도 그 목표에 책임이 있다는 것을 언급하면서 ‘목표’와 ‘날짜’를 같은 선상에 넣는다. 1인 사업가나 매우 작은 회사는 내가 곧 사업가이므로 이것은 중요한 이슈가 아니다.

역량 차원에서, 하나의 역할을 맡고 있는 사람은 그 기능 면에서 보통 다른 사람에 비해 업무에 대한 좀 더 높은 평가를 받는다. 이것은 그 일을 맡고 있는 개인의 독자성을 침범하지 않으면서 사람들에게 비즈니스의 특별한 역량 차이에 이의를 제기하도록 토론의 장을 제공한다. 하지만 이러한 방식을 경험해 본 누군가가 논의를 객관적으로 유지하여야만 이 회기는 좀 더 수월해질 것이다.

가치에 대한 또 다른 목록이 등장할 것이다. 이것은 회의에 참여하는 각각의 개인을 위한 최고의 가치를 다룰 것이고, 개인이 이해받고 있으며 인정받고 있다는 실질적인 느낌을 창출할 것이다.

각각의 사람들에게 그들의 상위 가치를 설명할 수 있도록 시간을 주어라. 이것으로부터 합의된 핵심 가치 중 세 가지를 선택하게 하는 것이 좋다. 거기에는 보통 꽤나 곤란한 것들이 있다. 이들 중 하나는 ‘돈을 버는 것’인데, 이것에 대해 부끄러워해서는 안 된다!

정체성은 종종 가장 흥미로운 토론을 이끌어 낸다. 만약 필요하다면, 사람들을 하위 집단으로 나누고 시간을 주어라. 아이디어가 부족하다면 ‘만약 비즈니스가 ○○(과일, 자동차, 꽃 등등)이라면, 그것은 무엇이겠는가?'와 같은 고전적인 질문을 시도해 보라. 이것은 간단하고 명료하지만, 당신이 무엇을 하고, 남들과 어떻게 다른지를 설명할 수 있는 비즈니스에 대한 포지셔닝 진술서를 만드는 중요한 작업이다.

마지막으로 사명을 창출하라. 이것은 합의된 가치와 포지셔닝 진술서로부터 자연스럽게 도출될 것이다.

이 7차원은 가족과 같이, 개인보다는 큰 단위에서 자신들의 역할을 검토해 보길 원하는 사람들에게로 그 용도가 확장될 수 있다.

나는 가상의 작은 기업을 가진 가상 사업가가 작성한 워크시트를 제시하였다.

	당신	당신의 비즈니스
사명	원하는 변화가 있다면 네 스스로 그 변화의 주체가 되어야한다(마하트마 간디).	부를 쌓고, 부를 나누는 것
정체성	중요도에 따라 순서대로 세 가지 정체성 진술: 일, 친구 그리고 가족 은유: 마라토너	포지셔닝 진술: 가장 빠르고 가장 친절한 x 회사 은유: 수성, '날개 달린 전령'
가치	순서대로 세 가지 중요한 가치: 1 자유 2 진실성 3 동정심	사업에서 내가 원하는 세 가지 1 정직 2 전문성 3 능력주의
바람	내가 원하는 것: 자유와 사랑	비즈니스에서 필요로 하는 것: 6개월 분의 현금 여유 분
기술 스스로 점수 매기기	자발적 1 ___V___ 10 실질적 1 ___V___ 10 보호적 1 _V_____ 10 관계적 1 _____V_ 10	리더십 1 _____V_ 10 운영 1 _____V_ 10 재무/법률 1 _V_____ 10 영업/마케팅 1 _V_____ 10
목표	목표 1: 20,000 파운드 저축 날짜: 8월 1일 목표 2: 결혼 날짜: 10월 12일 목표 3: 일주일에 세 시간 운동 날짜: 내년 5월 1일	목표 1: 스페인에 새로운 제품 출시 날짜: 5월 15일 목표 2: 안전한 장기적 자금 조달 날짜: 6월 12일 목표 3: 예산안 완료 날짜: 11월 1일
자산 스스로 점수 매기기	신체적 1 ___V___ 10 인적 1 _____V_ 10 재정적 1 _V_____ 10 지적 1 _____V_ 10	신체적 1 _V_____ 10 인적 1 _V_____ 10 재정적 1 _____V_ 10 지적 1 _____V_ 10

부록 D. 직원 평가 양식 견본

	어떻게 행동으로 나타나는가? 구체적인 예를 제시하시오.
나를 대신함 1 2 3 4 ☐ ☐ ☐ ☐	
고객 초점 1 2 3 4 ☐ ☐ ☐ ☐	

에너지	어떻게 행동으로 나타나는가? 구체적인 예를 제시하시오.
활력/열정 1 2 3 4 ☐ ☐ ☐ ☐	
주도성 1 2 3 4 ☐ ☐ ☐ ☐	
자신감 1 2 3 4 ☐ ☐ ☐ ☐	

동기 부여	어떻게 행동으로 나타나는가? 구체적인 예를 제시하시오.
다른 이를 멘토링 1 2 3 4 ☐ ☐ ☐ ☐	
리더십 1 2 3 4 ☐ ☐ ☐ ☐	
시너지 창출 1 2 3 4 ☐ ☐ ☐ ☐	

결단력	어떻게 행동으로 나타나는가? 구체적인 예를 제시하시오.
정치적 감각 1 2 3 4 ☐ ☐ ☐ ☐	
강함/부드러움 1 2 3 4 ☐ ☐ ☐ ☐	
배움에 대한 열의 1 2 3 4 ☐ ☐ ☐ ☐	

실행력	어떻게 행동으로 나타나는가? 구체적인 예를 제시하시오.
정체성과 주제를 명확히 함 1 2 3 4 ☐ ☐ ☐ ☐	
우선순위 정하기와 계획 1 2 3 4 ☐ ☐ ☐ ☐	
전달 1 2 3 4 ☐ ☐ ☐ ☐	

표의 가장 꼭대기에 있는 '나를 대신함'은 이 사람이 나(사업가)의 짐을 덜어 주는 정도를 표시하는 것이다.

강함/부드러움 칸은 두 가지 특성 사이에서 이 사람이 갖는 균형에 관한 것으로 두 가지 모두 직장에서 중요한 것들이다.

저자 소개

로비 스타인하우스(Robbie Steinhouse)는 성공적인 연쇄 창업자로서 지난 20여 년
간 리크루팅과 부동산, 보험 분야의 비즈니스를 창업하고 성장시켜 왔다. 또한 NLP
School Europe의 수석 트레이너이며, 공인 NLP 트레이너다. 그리고 국제코칭연맹
(ICF)의 공인 코치이며, 코칭 자문회사의 임원이기도 하다.

크리스 웨스트(Chris West)는 전문 작가다. 그는 *The Beermat Entrepreneur*의 공
동저자이며, *Marketing on a Beermat*의 저자다. 또한 Death of a Blue Lantern 과
같은 범죄소설을 썼고, 여행과 다른 논픽션 관련 글도 쓰고 있다. 크리스는 NLP 프
렉티셔너이며, 노련한 공동 상담가다.

역자 소개

박의순은 이화여자대학교 인간발달소비자학과 석사, 박사를 거쳐 Eastern
Michigan University 의예과를 수료하였다. 현재 가족연구소 마음의 소장이며 덕성
여자대학교 아동가족학과 겸임교수로 재직 중이고 한국NLP상담학회 회장이자, 한
국상담학회 수련감독, TA전문상담 슈퍼바이저로 활동하고 있다.
주요 역서로는 『TA상담과 심리치료 기법』 『게슈탈트 상담과 심리치료 기법』 『인지
행동 상담과 심리치료 기법』 『완전한 사랑의 7단계』 『쿨하게 화내기』가 있다.

노경혜는 이화여자대학교 의류직물학과 학사, 석사를 거쳐 이화여자대학교 인간
발달소비자학과 석·박사 통합과정을 수료하였다. 현재 경기도 가족여성연구원의
연구원으로 재직 중이며 TA전문상담가다.

성공한 CEO의 비즈니스 심리코칭

Think Like an Entrepreneur: Your Psychological Toolkit for Success

2012년 09월 10일 1판 1쇄 인쇄
2012년 09월 20일 1판 1쇄 발행

지은이 • Robbie Steinhouse • Chris West
옮긴이 • 박의순 • 노경혜
펴낸이 • 김진환
펴낸곳 • (주) **학지사**

121-837 서울특별시 마포구 서교동 352-29 마인드월드빌딩 5층
대표전화 • 02)330-5114   팩스 • 02)324-2345
등록번호 • 313-2006-000265호

홈페이지 • http://www.hakjisa.co.kr
커뮤니티 • http://cafe.naver.com/hakjisa

ISBN 978-89-6330-904-0 03180

정가 13,000원